INSPIRATION

天窗出版

有盈退休

曾智華 著

目錄

目錄

第五章：身心健康　背後有動力

第六章：效法退優自由人

自序

從事了四十年傳媒工作，影響我最深的，並非佔了三十六年的電子廣播生涯，反之，是半明撈半秘撈的文字工作。因為，寫作令我解決了終生的經濟問題及給予我退休後新的人生意義。

經濟方面，十三年前，某報業集團負責人突然向我約稿，要求提供每周一次的財經分析及投資推介稿件，給予的稿費相當可觀。之前，個人投資成績只是平平無奇。但接下了寫稿任務，等於每周要跳上舞台演出，萬千讀者面前，完全唔衰得。於是，開始認真又努力鑽研投資之道，結果，十二年前發現了領展（0823）及煤氣（0003）兩隻「金礦股」，長買長揸，單單升值、派息及派紅股，收益已足夠未來生活無憂！

退休方面，無論如何有心理準備，但真正踏入六十歲，退休了，原來，也有個「心理震盪」要面對。看似悠閒的生活，反令情緒病有復發跡象。更弊，血壓不斷標升，終導致右眼中風。

此時，可能又是上天寫好的人生劇本吧，竟再有報業集團邀約寫「快樂退休」心得，如此，又再跳上另一舞台，也是基於唔衰得心態，努力思考及參閱其他人的退休心大法。終於，愈寫愈多體會，不單大大改善自己的心態及生活，「天窗出版」更提出將心得結集成書。終於，「快樂退休」就在 2017 年「香港書展」前出版了。從此，小弟誤打誤撞下搖身一變成「快樂退休專家」，四出應約演講，將體驗與萬千退休打工族分享。更神奇，「快樂退休」竟獲頒「香港金閱獎」，至此，第二本以退休為主題的書，已似播下了種子。

今年，開花結果了，今次，新書定名為《有盈退休》，希望大家讀後，退休生活「有盈」又「有型」！

曾智華

二零一九年初夏

1 精選好股
達至財務
自由

擁有
「財務自由」

快樂退休，不會從天而降，一定要長期部署，然後，有計劃、有紀律、有毅力去實行。

要安心退休，其中一項要訣，為擁有「財務自由」（Financial Independence /Freedom）——一個無須再為生活開支而努力工作的狀態。簡單而言，你已擁有足夠用到離開世界的基本財富。這正是全世界退休者希望達至的一個境界。

「財務自由」應從年青時開始栽種。第一，養成收入多於支出習慣；第二，有紀律地儲蓄；第三，懂得創造資產。三項做到，退休無憂。

小弟由12歲開始，擁有一定的「財務自由」，因經常收入多於支出，當別人在嬉戲時，我已在政府大球場做小販。舉凡周末有球賽舉行，就在東看台觀眾入口賣紙帽，大嗌：「喂喂，有帽戴唔怕曬呀！」五毫一頂，我賺一毫，每日可賣上千頂，即有一百元收入，當時是1966年！同學仔只知我很富有，誤會我是富家子，其實，全部是血汗錢。但我賺得開心，因有錢賺之餘，又有最心愛的足球賽欣賞。

直至中學畢業，才改到銀行做暑期工。1973年考入羅富國教育學院，課餘做兩份補習，加上政府的津貼，收入相當可觀。

1975年開始到美國留學，仍繼續為「財務自由」努力，課餘到教授家中做清潔工作及剪草，並開始做工程判頭，接JOB派俾香港學生做，令大家有足夠金錢應付生活費及學費之餘，更可假期時組團租車遨遊美國！

1977年，回港工作，長期「三工齊發」，電視、電台及寫專欄。總之，當別人抱怨工時長、太辛苦、福利少的時候，我就一聲不響「死做爛做」及「悶聲賺大財」。故此，很快已儲夠錢交首期買樓（連政府房屋津貼）。並且，繼續每月有紀律性地儲起三分一收入加速償還借貸，結果，十二年內全部還清！

從此，「財務自由」進一步邁向終生化了。因開始有更多積蓄，用來創造新資產。

近十五年，自問已掌握利用股票增值竅門，長期跑贏通脹（想靠股票發達則是白日夢！）所以，六十歲退休時，已可從心底說句：「我成功了，我自由了。」

說說，是輕鬆的。但由12歲開始，已有紀律、有堅持、有計劃去實行，過程中心態正面、不抱怨、不氣餒，有很多Blood, Sweat and Tears 在當中的呀！

14

佛系
投資大法

「退休」這個形容詞，其實非常誤導，因為，很多人在一個工作崗位上「退」，不等於從此「休」。例如小弟從公務員行列「退」下來之後，就從沒有「休」過，只是走入另一個人生境界去奮鬥、去工作、去享受，最重要，去尋找活下去的意義。

人生，是一條極長的跑道，間中停下來，甚至，間中因種種原因先退下來，並不等於從此休息，不再上路，所以，我認為用「轉跑線」遠比「退休」形容得貼切。人生中何時應該「轉跑線」，應該由當事人自己掌控，因為，每人的追求及價值觀皆不同。我親眼見過幾位商界朋友，早上岸，但仍將金錢視為比天更高、比生命更重要，故日日一彈起就往金錢

堆裡鑽，直至某一日突然發覺患上重病，未及立遺囑，未及通知家人財富何在，就撒手塵寰，終於，百分百成為「人在天堂（地獄？），錢在銀行」經典個案。

一生不「換跑線」，也不停步，直至仆死在跑道上，這種人生，究竟有甚麼意義呢？金錢、權力，的確很吸引，但總不用變成兩者奴隸吧？

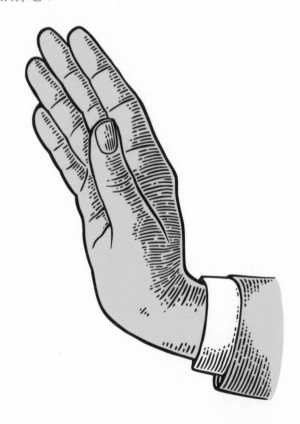

究竟，甚麼時候退下來最Fit呢？每個人都要思考。大前提，是你想在人生最後的三分一時間追尋甚麼？若是公務員，只求一生穩定的話，那麼，不用想了，就做到六十歲，食長糧可也。忍著悶也要在同一條跑線捱到終點，然後再算。反正，通常七十歲後身體各類器官才會嚴重衰退，你應該有十年時間尋找失去的。

非公務員呢，根本無須考慮「事業長跑」，若有基本經濟安全感，要「退」就退，因轉了跑線，人生可能更精采！故此，絕不應受官方年齡限制而窒步。「退休」？永不嫌早，四十又如何？你可以到內地山區做義工；揚帆出海環遊世界；在家陪陪兒子或弄孫為樂；生活同樣可以快樂又有意義。趁人生跑了一半，早點下決定吧！

快樂地
花錢

多得老編畀面，iMoney 竟然將我與當紅炸子雞鼎爺共擺封面，搞到小弟每日出入護老院探阿媽時，都被一眾阿姐（護理助理）笑：「哎吔吔，乜原來你咁紅㗎，唔知添，失敬晒！」

紅乜鬼吖，多得有機會在專欄上寫吓寫吓，變成「快樂退休」專家囉。畀人㷫吓，大家打個哈哈也好。

李家鼎訪問的大標題：「人在天堂、錢在銀行就死得啦！」咦，正正合我近年的「傳道」嘞。

事實，高等法院每日審的案件種類，最多又最令法官討厭的，正是爭產案。香港的大家族及老字號，

後代紛紛排隊擘面變仇人，正因為上一代留下「令人性黑暗面暴露」的龐大財富。

上一代中國生意人，多數刻己節儉又略自私，無論幾有錢都好，多斤斤計較孤寒成性，做到死咁滯都唔退下來，積累大量財富又唔用，弊在，自己唔享受又唔肯透過做慈事益人。於是，雙腳一伸，天文數字遺產就像投下一個「人性大炸彈」給後代，將後代的貪婪、妒忌、自私陰暗面全炸開，不顧親情，搞到在法院見面爭奪財產，此後變成世仇陌路人，永不回頭，結局是悲劇。

我的原則，子女生下來，剪掉「生理臍帶」後，供書教學，培養成人，是應該的。但之後，要狠狠剪掉「經濟臍帶」，讓佢哋全面獨立做人。唯有如此，才能迫出真正能力面對成年人的世界，再享受自己雙手創的財富，挺起胸膛做個自信的人。過程中，必有風風雨雨甜酸苦辣，請不要過分施援手，更不應下下保護，因為，人生本就是這樣，讓佢哋親身品嘗再積累經驗好了。

當然，仔女有危急，一定幫。只是，不能養成「奉旨」這個習慣。

我們的錢，經幾十年辛辛苦苦賺回來，到剩下人生不足三分一時光（真正能行動自如又健康，可能得十年！）當然要快快樂樂的花。不是花光，而是似鼎爺般，三分一積穀防飢；三分一花在日常令自己舒舒服服的生活開支；另外三分一，就做喜歡做的事，見喜歡見的人（不妨做孟嘗君宴客），到夢想到的地方。

早前，我第一次去到日本宮崎，真的似被美麗風景點中喜穴，站在酒店的露台往外望，已不能自拔，喃喃自語問：「我在仙境嗎？」

退休
忌夢想發橫財

最近，有報業集團高層老友退休，小弟傳佢一幅圖（下圖），寫上：「我輩男人平均將活到九十歲，有幸食正經濟起飛及政治變動大時代。如今只剩下廿幾年生命，可能只有十年左右能行動自如，一定要好好把握，享受親情、友情及世界美麗的一面，將一切負能量人、負能量事，像電腦般，撳掣全Delete！」

佢飛快回覆，六個字：「二萬分認同呀！」

我輩男人平均將活到近九十歲😊😊😊，有幸食正香港經濟起飛及政治大時代👜👜👜。如今剩下廿幾年，可能只有10年左右活動自如🏃🏃🏃，一定要好好把握，享受親情👪👪👪、友情👫👭👫及世界美麗一面🌈🌈😊，將一切負能量人👹👹👹、負能量事😎😎😎撳掣DELETE!😎😎👑👑👑👻👻👻

09:35 ✓✓

退休，乃人生另一重要階段開始，必須要好好部署，並嚴守紀律做應做的，堅拒做不應做的。最重要搞好身心健康、親情友情，以及財富管理。三樣齊備，才可有「快樂退休」呀！

當中，特別想講講錢財。退休後，第一要訣，切勿做生意！做生意，勞心勞力外，若非生意人，蝕本機會九成，退休理財第一大忌。

為何不少人有做生意念頭？因誤會做生意才會發達！退休後，應腳踏實地，不要再夢想發達！更不要夢想橫財由天而降！

小弟對一個「橫」字，從來抗拒。中國人思維中，橫來的，多不是好事。例如橫蠻、橫死、打橫嚟……。橫財，即非正財，非循序漸進透過體力智力付出積累而來的，就似玩過山車，一下狂衝而上。物理定律，凡狂衝而上的，必會很快觸及破裂點，之後，就會俯衝而下。發橫財，即衝上時，破壞力度不大；但當錢財意外從天而降，人自會認為幸運之神永在，貪勝不知輸，追求聲色犬馬，沉溺縱容於逸樂。猶如過山車突向下衝，力度之猛，牽連之廣，破壞之大，必定驚人，難以收拾。

我在電台廣播的日子，經常提及兩項有關錢財的「家教」，童年時，嚴父已再三叮囑：

（一）勿望發橫財。 一切由自己雙手創造的，有滿足感、馨香，及會懂得珍惜，才能維持久遠。這種財富，令人挺起胸膛，光明磊落。

（二）切勿借錢（只可向銀行借錢買樓）。 只花費能力範圍以內的錢，不欠人錢財，就會心境舒泰安寧。同時，不要借錢給別人。因為，錢銀傷感情。朋友有難，大的，就破產申請綜援好了；小的，送錢給朋友開飯渡難關即可，不用還了。這樣，大家內心都好過。

老父教誨，我實行了大半輩子，愈活得久，愈覺其有深層次意義，希望大家也認同。

退休投資
三隻鐵股

小弟投資股票，從來不炒，只奉行價值投資。每隻買入的股票，皆揸中長線，故短期波動絕不理會，反只留意，一旦跌到心中價就加碼掃貨長揸。

若插落時，我提議任何退休朋友，掃入以下三隻股，像我般，買了就不用理會，長揸，因全屬退休鐵股，靚價入貨，中長線立不敗之地：

(一) 新鴻基地產 (0016) —最重要，留意郭老太鄺肖卿何時出手回購。近年，凡新地跌破$100佢就出手掃，眼光精準，每次皆最少倒升三成。所以，$100就是新地的鐵底價，大家跟入，絕對安全，中長期必立不敗之地。

（二） 港鐵(0066) —2017年，有一位港鐵集團頂層人物，在 $42.50 水平，用了二千萬元掃貨（公開資料）。以佢對港鐵現在及未來盈利能力的掌握，可説無人出其右。所以，$42.50 也是鐵底價，凡低過此水平就可安心掃入，揸個天長地久。

（三） 港交所(0388) —總裁李小加除年薪千萬外，更每年皆有獲發萬股計的認股權。過去八年，佢一次也沒有行使過，這意味甚麼呢？簡單，肯定是認為港交所股價，根本未到頂，故絕不行使，以便將來收割更肥的利潤。港交所乃「獨家開賭」兼「凡水必抽」的受盡保護上市公司。政府對其政策就如對馬會一樣：官方規定，不准任何機構加入競爭。這個絕對保

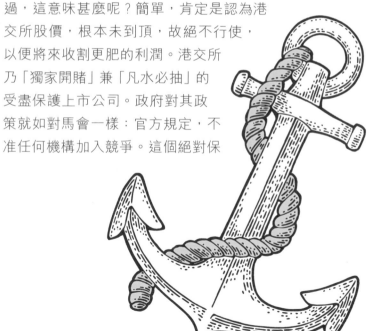

護政策，令港交所盈利前景深不可測。故此，若因股災而大幅跌價，就多多唔怕掃，我的心中價為 $200。

以上三隻，小弟認為退休人士可視作安享晚年扶手棍，因乃藍籌中的藍籌兼實力超級雄厚，買入，一定能夠安睡。兼且，這三股屬於「長途佢贏晒，冇人夠佢跑」的一類勁量實力股。

留意郭老太
開始出手

早前，有幸被新鴻基地產（0016）邀請，到總部作一次演講。現場坐滿幾百個不同職級的新地職員。午餐時段，大部分人皆昏昏欲睡。為令大家精神振一振，小弟拋出一條問題：「大家可知，過去五年，有哪個時候購入新地股份，揸幾月就必賺的呢？」

立時，個個眼仔碌碌，但頻頻搖頭。

「證明，你地全部打新地工，但並無留意公司的敏感變動，失去不少獲利機會也。」我笑笑口講：「咁，你地想唔想知秘訣喺邊？」

「想………」全場幾百把聲雷動。

「正是,當郭老太鄺肖卿出手回購新地股份時!總之,你照跟,過去五年經驗,次次賺!」

其實,這個搵銀秘笈,我也曾在專欄上披露,相信照跟的讀者,已有不少斬獲。當然,郭老太不會經常出手,可能等足一年仍見不到佢手影,這個,要點耐性。總之,記住多點留意公司資訊用放大鏡睇睇啦。

呢呢,等呀等,終於,等到喇。原來,2018年10月,鄺肖卿再出手,以接近$100左右,大手掃入新地股份。

以往記錄,郭老太多於貼近一百元才出手。作為投資者,小弟忠告大家,一定要跟緊記錄。總之,一旦發覺老太加大入貨數量,就跟進可也,因為,對新地的前景、財政及盈利掌握,全香港能超越佢者,冇幾多人也!

小弟又如何？基本策略，若新地跌破$110就作「無底線」入貨。因為，以這個超級集團實力，若非遇上國際級經濟災難衝擊，根本不會有筍價出現。買入新地，絕不用擔心，只等經濟大勢好轉，必定立即第一時間反彈！

以郭老太的入貨價，市盈率僅六倍多，息率近四厘，已相當撻地游水。若再因大形勢而向下調整，尤其跌破一年低位$109.70的話，掃貨長揸良機即出現。

有人問我：「郭炳湘離開對新地影響？」

答曰：「家和萬事興。如今郭炳江已出獄，若再無兄弟製造不和，新地股價必進一步起飛！」

精選好股 達至財務自由

回歸高息
「家常股」

小弟有位江湖名人老友，社會打滾三十多年，經常有句口訣：「風平浪靜處處家、風高浪急搵阿媽。」

意即太平盛世，無風無浪時，可以四出闖蕩，遇險機會不太大。一旦外邊形勢惡劣，最佳策略乃縮返屋企，投靠人生最大保護傘—母親。

投資何嘗不是？

風高浪急時，小投資者切忌：（一）胡亂入市；（二）誤信國際大行報告。

凡看過震撼性電影《呃錢帝國》者皆領略，國際金

融圈，可說是個道德淪亡的世界。無論官員、學者、基金經理……當然包括財經評論員（演員？），全皆造就「金融騙局」幕後角色，所以，無一可信。

怎辦？還看自己冷靜分析。不懂的股票，全部避開，要買，只考慮「高息家常股」好了。

何謂「高息家常股」？特徵包括：（一）香港名牌老字號；（二）你能接觸，會幫襯的；（三）業務簡單透明，業績易分析；（四）不太受經濟波動影響，反之，可能受惠；（五）持久派高息；（六）董事局有善待小股東記錄。

例如前身是九巴的載通（0062），因經濟低沉時，市民多改搭公共交通工具，故巴士最受惠，何況，息率不錯？

家常股特色，家家戶戶都幫襯，例如白花油（0239），總有一、兩支「睇門口」，長者視之為貼身良伴。息率高，絕沒風險。

經濟差，消費意欲低，中檔消費市民會向下流。凡市況低迷，茶餐廳及快餐集團，營業額不跌反升，受惠的上市公司包括大快活（0052）及大家樂（0341）。兩者皆派息不俗。但，比較之下，當然選擇大快活，因其發展空間大得多，市盈率較低。

再保守一點投資者，又可考慮沒任何風險，派息四厘多的香港小輪（0050）也是不錯的選擇。

香港股市
「爛生果檔」太多

股市大部分時間皆滯吓滯吓，每日交投平均幾百億，以一個二千二百幾間上市公司的證券市場計，交投量實在太冇褷。點解？為此，我約過曾被國際財經雜誌評為最佳分析員的「精明L」共進晚餐，希望聽聽佢高見。

「L哥，點解香港股市愈玩愈縮？」

「原因複雜，但有一個，似乎無乜人提過。就是，香港股市，『爛生果』太多，嚇怕投資者！香港上市公司數量，自從李小加搲FIT後，增長速度驚人，2017-2019年，已增加近二百間！如此只講量不講質，當然『豬狗公司』也變上市公司，當中良莠不

齊，大部分上市即潛水，投資者紛紛中招，損手爛腳！」

事實，香港上市活動非常頻繁，極為誇張，超英趕美，單單2018上半年，已有近百公司上市，全球排名第一，集資五百多億。而正在搞IPO的公司，長期也有幾十間。

「可能，李小加誤會咗，以為上市公司數量多寡，與佢業績及表現有等號。其實，搞錯晒囉。」L哥目光如炬，先歎啖十七年日本「響」威士忌，再分析：「打個比如，你附近有兩個生果市場，一個有幾百檔，但當中百幾檔賣腐爛或低質素生果，全部用農藥化肥催谷種植。另一個，只有一百檔，但檔檔售賣高質素有保證的新鮮水果，包括名牌入口貨，消費者大可放心購買。咁，你會行邊個市場呢？」

目前的香港股市，正是「精明 L」指出的第一個市場，當中充滿「爛生果檔」（創業版及大量不明業務的公司），這絕對是不智亦對投資意欲有負面影響。所以，除將來上

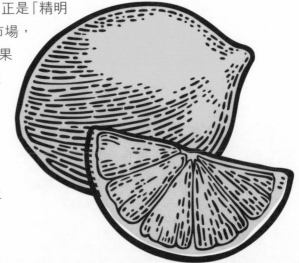

市申請應嚴加檢視外，現存的「爛生果檔」，亦要想辦法掃走，做到只重質，不重量。唯有如此，全球投資者才會慕名蜂湧而來搶購，結果是，生意一定遠勝檔口多而質素低的市場。

「還有，目前香港的股票供應，遠大於需求，不少劣質公司每日成交甚低甚至零成交。這些『檔口』，根本浪費空間，港交所必定要諗諗如何汰弱留強，才有機會成為真正全球頂級金融中心。靠鬥多『爛生果檔』，無用的！」

精選好股 達至財務自由

不應買的
股票

未退休前，小弟凡出糧，就會買入盈富基金（2800），上天眷顧，股市長期走勢向上，內心本充滿快感。不過，遇上投資智者「肥石」，慘被窒：「咁冇出息呀，買盈富？」

肥石並非全無道理，他指出，盈富與恒指掛鈎，當中部分股票，問題不少，例如吉利汽車（0175），不知何時才能解決中美協議問題；金沙中國（1928）面對澳門政府賭牌批發準則不清及割喉競爭等惡劣客觀形勢，盈利前景令人擔憂。

肥石對不對？對。但，絕大部分小投資者，皆沒時間、沒資訊理解每間公司最新狀況，故此，為睡得

安寧及避免蝕大本，還是保守一點，信任恒生指數幕後專家好。

讓我在此公開六種從不沾手股票，大家請參考，免招無謂損失：

(一) 概念股，俗稱「大隻講股」，意即未有實質業績，單憑想像而炒上的股票。

(二) 三十倍以上市盈率股。對，不少前景秀麗公司，在起步階段時PE偏高，但總得有條線。三十倍以上者，無謂博，等它有實質表現再跟進未遲。雖賺少一點，但風險受控。

(三) 不派息股。正路而健康公司，通常會按年派息。慣性不派息公司，有點古怪，宜避之。

(四) 業務不明股。不少上市公司以XX國際、XX集團、XX中國、XX控股……等為名，業務神秘模糊欠透明度，大股東隨時會將資金不按規章調撥，這類股票，勿沾手。

(五) 負重債股。每間上市公司收支表，皆可在網上找到。高負債公司相當危險，尤其息口走勢轉角時，股價必即時插水。

(六) 大股東及董事背景不清股。每個人，都有個TRACK RECORD，行事、作風、誠信、聲譽、能力及業績，不難找到。若大股東及董事多為不見經傳人物，這類公司，避開為妙。

飲食股
不沾手

2018年上市的敘福樓集團(1978)招股錄得近千倍認購,十分「不正路」。因為,在香港經營飲食,大家有眼見,死亡率極之高,就算是著名品牌,除了大快活(0052)及大家樂(0341)外,能企穩的,甚少。

事實上,以今天的PE看,以上兩隻快餐股亦已偏高,投資價值只一般。

另外的飲食業股,看走勢,真的令人皺眉。稻香集團(0573),可說是中式酒樓集團的龍頭股,2007年以$3.16上市,請看看今天的價如何?跌去六成!看表面,稻香由管理到發展到人流,全部屬行業中的翹楚,為何會如此?更試過搞到要發盈警!

翠華集團（1314）憑着「外賣仔的神話」於2012年以$2.27上市，如今又是跌了超過一半，投資者無不一殼眼淚。

再看看滿城皆有分店的富臨集團（1443），2014年以$1.55上市，也是同一命運，至今，也是蒸發了約七成股價！

若不看以上幾大集團的股價走勢，單看其顧客數量，怎樣也不能估到其市值會如此下沉，問題發生在甚麼地方呢？答案簡單：

（一）租金不斷上升 —香港地做生意，賺的，一定被「無良業主」吸去大部分利潤，業主睇死你已放下極重投資，不會輕言轉舖，怎不閹盡？

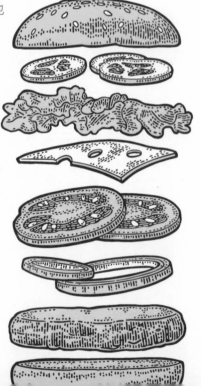

（二）員工流失率大 —全民就業下大部分員工都不再珍惜工作機會，跳槽屬慣性，薪金水平被逼急速抽高，人力資源投入升幅驚人。兼且，優質員工難尋也難留，直接影響服務質素。

(三) 食材成本不斷上漲 ──主要食材來自內地，內地經濟起飛，人民富裕起來，自然「捨得食」。優質食材要不完全不運港，要不就扯高價錢，飲食業成本控制處於極度被動地位。

單單以上三大客觀因素，已令所有經營飲食業的股東苦不堪言，一直在捱打情況下經營。

大集團如稻香、翠華、富臨也如此，足可反映出飲食業，尤其中式的，前景堪虞。

投資股票，有千計選擇，藍籌亦有數十隻（當中一隻飲食業也沒有！），要投資，怎輪到飲食股？敍福樓竟有近千倍認購，又再證明，股市是個「盲毛世界」。

精選好股 達至財務自由

夜場股
勿沾手

除建議大家投資外，小弟也會建議大家不要投資。
原因兩個：第一，某些時候，「不投資就是最佳
投資」；第二，投資工具有多種，尤其股票，以千
計，絕大部分，不值得投資（例如創業版、民企、
仙股……與及不業務性質難以令人明白的上市公
司），避開，已立不敗之地。請記住，投資第一目
標—保本，不胡亂入市，已是保護資產的最佳方
法。

2014年，有一隻夜場股上市，名為Magnum（當
時編號2080，如今已變奧克斯國際），造勢超級成
功，成為超購王，凍結無數資金，個個以為這公司
是間金礦。

我比較「乞人憎」，為免更多人踩冰，在這公司招股時，大聲疾呼，忠告大家切勿購入Magnum。清楚指出，此集團賣的是酒色財氣，完全無獨家優勢可言。

另外，最大資產為陪酒女郎，更談不上任何穩定。除歡場女性特別易老易殘外，假若「媽媽生」被高價挖角，成隊小姐會立時跟進跳槽，一切集團的「重要資產」，可能化成輕煙。

更重要，夜場多經營幾年就結業，因客人個個貪新厭舊，Magnum相信也如是吧？

所以，小弟質疑其上市有「金蟬脱殼」動機，搭個靚「雞棚」，引晒「投資老襯」入局即散水。

結果如何？唉……我變咗「生神仙」囉。如今，Magnum又在何方？

早前，再有夜場股申請上市，今次，最令人眼冤為竟有警隊前助理處長孟義勤（Peter Morgan）及行政會議成員湯家驊出任獨立非執行董事。

真的世風日下，以前及現在擁有公家權力者，愈來愈「道德失控」，界線模糊。上市公司以千計，為何要加入販賣酒色財氣的一間呢？觀感太差了，尤其湯家驊，坐在現今最高權力的核心中，掌握大量最高機密，怎可不避忌不顧公眾形象及市民大眾的期望？

説回投資價值，小弟當日對Magnum的分析，也大致可用在其他申請上市的娛樂集團。同是經營夜店，同是販賣夜夜笙歌的陪酒女郎，究竟，有何獨特性？有何市場優絕對優勢？有何持久經營策略？有何具價值的資產在手？

我的忠告—無謂沾手。

2 收息保本 享有身心 安寧

內心安寧
最重要

退休要快樂，除了健康很重要外，內安心寧亦絕不可忽略，即英文的 Peace Of Mind。

內心安寧的反義詞就是憂心忡忡，若天天活在這種心理境界，怎能快樂？反之，心理影響生理，必定百病叢生。大家冷靜觀察一下認識的人，就會知道不安寧是幾大的痛苦。

要內心安寧、放鬆，首先要有安全感。其中之一為經濟上的安全感。退休後，若肯定有足夠生活費直至離開世界，這就不用憂心了。另外，絕不要栽種仇恨或犯法。這樣，就不會日日夜夜怕人報復或被拘捕並面對法律制裁了。任何時候，樂於助人及行

善積福者，內心安寧感會日比日豐厚。相由心生，你身邊一定有這類「慈祥人」！

這裡想講講經濟安全感。小弟乃長俸退休公務員，我們這種中層族類，打了幾十年政府工，退休時就要選擇一次過收大筆（幾百萬），然後每月收一小筆（三兩萬）；又或退休時收一小筆甚至一仙不收，然後每月收六七萬。

精於計算及不信任別人包括政府者，多選一次過收大大筆，先袋自己袋。另一種希望每月有豐厚收入，無須降低生活質素（例如小弟），則選擇一仙不收計劃。

哪個較好？因人而異。但我發覺到，退休後大家一同出來晚飯聚首，前一類的，明顯較孤寒，因每月只有三兩萬花費，被迫私私縮縮。最弊，個別揸住幾百萬退休金，手痕心癢，學人做生意及胡亂投資，結果，幾

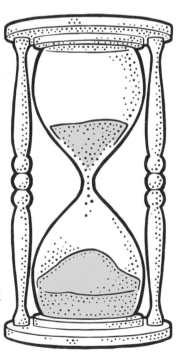

百萬就變了「學費」。

而像我一類選擇後者的，雖沒幾百萬調動，但卻有份無言安全感，因知道直到永遠，都有足夠「月薪」維持舒適生活。這種感覺，令心內安寧舒泰，自然寬容快樂。

最近，身邊人人討論年金。也如是，發覺十之八九只懂計死數，比較金錢上的得失。

其實，小弟看，年金最大的貢獻，在保障持有者的終生穩定收益，無須像其他投資般，有升有跌甚或執笠（上市公司、基金公司、銀行……）。

我只遺憾年金買盡只可投入一百萬，若加碼至一千至二千萬，我就會將居住樓宇透過逆按揭去掃年金。有了逆按揭，首先保住一生有樓住，非常安全。然後，再每月收超過十萬年金，連長俸，即月入十多萬，這個終生的金錢安全感，正是年金可以提供的，自然，內心安寧從此無缺！

快樂退休大忌
——胡亂投資

長期觀察，發覺人，原來不會因年紀愈大變得愈理性、愈成熟、愈精明、愈寬懷、愈看化的。反之，可能變小器、怕悶、急於求成、分析力弱……尤其退休一族，揸住一千幾百萬，若有上述心態，極易作出無謂投資決定，終於後悔難返。

小弟經常忠告身邊人（若被問到），投資，很多大忌。揸着的退休金，是未來生活安穩依靠，故此，絕對不可冒險，切戒貪心，更忌瞓身落「重鎚學費」（因自己無知）的領域。

請記住！這個世界，有錢就有騙子。部分包裝成「投資顧問」（透過買買賣賣斬佣），目標是賺（呃）

你錢而不是為你賺錢！這類份子，通常都很主動積極地「關心」你，不停介紹你投資。

小弟最常見的投資陷阱有：

(一) 新產品—例如虛擬貨幣（最近跌到一仆一碌）、巧立名目上市公司（千禧年的科網股、07年的開礦股）、Accumulator……

(二) 飲食業—此業「搞手蛇」特多，專氹新丁夾錢埋班，揚言「日日收現金，人人皆愛食，前景錦繡」。埋班後，「搞手蛇」就透過設計、裝修、買裝備、請人、申請牌照，串通其他「蛇」大斬一筆，開張後就「關人個關」，新丁股東以為做老闆好過癮，誰知付出重鎚學費後，蝕到一殼眼淚，兼可能搌成身債。

(三) 炒樓—盲目相信地產商及物業代理唱好樓市「剛性需求大，有升無跌」與及「建築成本日比日高，樓價永遠無得平」（不講「供求定價格」，宣揚「成本定價格」歪理）。結果，樓市狂升時買入，付出各項辣招稅後，再遇樓市冧檔，極大機會變負資產。

(四) 隔山買牛—誤信外地美輪美奐樓市廣告，產生美好幻想而落叠，未經實地觀察，未思考當地種種規例（地稅、保險、擁有權……）就買入，結果可能爛尾、可能貨不對辦，早年某歌星更買入美國沼澤上的「浮泥樓」，揼心。

以上四項，只順手拈來。針對退休人士的投資陷阱，永遠「推陳出新」，不少走法律罅。成年人被呃，很多時，自己也要負一部分責任！

最佳例子，股票市場龍蛇混雜，有正派公司股你不買（港交所、港鐵、中電、煤氣……）而硬要將退休金放落創業版、民企及不知業務公司，蝕到幾乎無渣，能怪誰？

談年金（一）
瞓身買年金

早前，有一關於年金計劃的分析，在 WhatsApp 群組間轟炸式傳開，結論是：買唔過，因為乃是一個「蝦老人家」的計劃。

各人有各人的盤算，無絕對啱或錯。所以，凡人問我的意見，一律唔答，只好留在此「自言自語」。

坦白，年金初推出我好無癮，因當時還有幾個月才夠六十五歲，無法飲得頭啖湯。

對年金，小弟的看法是，上限太少，最好去到二千萬！這樣，小弟就可將擁有的單位作逆按揭，去盡，買二千萬年金。如此，每月就有 $116,000 生活

費直至百年歸老，諗諗已開心死，不單又充實又安全，兼且，咁多錢，一定使唔晒，除可不停請朋友歡聚外，更可每月留下五六萬元再作投資考眼光。

香港地，投資工具極多，但唯一能製造出富翁的，只有死揸物業一個途徑。並非當事人特別醒特別叻，只因受惠高地價政策矣。

至於其他投資方式，包括外幣、股票、期貨、炒金炒銀、虛擬貨幣、衍生產品、保險年金、各式基金、Accumulator⋯⋯，唔好自己呃自己嘞！有幾多樣可以替你長期先保本後年年跑贏通脹呢？嗯，話明長期呀！

更甚，希望透過以上投資方式發達？一千個之中有無一個呢？無謂發白日夢嘞，尤其打工仔，唔該踏踏實實以勞力腦力換取應得報酬啦。

若能（如今不能，因限注太細），我必會瞓落年金，因為：

(一) 從來政府放出來的，無論是上市公司（地鐵、領展、港交所）或 iBond、銀色債券，皆派錢之作。後者揸咗睡得安心，前者，若由上市開始長揸唔放，至今已有起碼廿倍回報（小弟親身體驗，無人可以話唔係！）。政府推年金，正是為「唔識投資者」（有幾多個識吖！）提供安全穩定收益，以免「棺材本」手多多無咗。

(二) 退休人士，最重要內心安寧。若不需要左度右度已每月有肯定收入，對心理平衡有幫助。

(三) 大家可問任何醫學界人士，個個都話你知，人愈來愈難死。為免晚年生活坎坷，若我能先盡買年金而一世每月有十萬生活費，咁就瞓着都笑醒啦！

圖表2.1 公共年金產品重要資料:

申請資格	65 歲或以上的香港永久性居民
保障年期	終身
保費繳付期	一次過供款
保費金額	50,000 港元至 2,000,000 港元
入息期	終身
保證期	從保單的保費起繳日開始,直至支付的累積保證每月年金金額達保費的 105% 為止。
部分退保	於保單生效及保證期內,可透過部分退保來提取保單內的現金。 最低退保金額:10,000 港元 部分退保後的最低保證現金價值:50,000 港元
身故賠償	於保證期內,若受保人不幸身故,指定受益人可以選擇以下其中一個方式收取身故賠償: 1)每月身故賠償 - 繼續收取餘下未派發期數年金,直至保證期結束為止;或 2)一筆過身故賠償 - 收取相等於以下較高者的一筆過身故賠償:保單內的保證現金價值;及已繳保費的 100%(須扣除已派發的年金)。於保證期後,保單沒有身故賠償。

資料來源:香港年金公司

談年金（二）
四大瞓身理由

真的瘀到爆！假若在商業世界，如此估錯市場（尤其地產集團），肯定烏紗不保！

我講緊乜？正是政府推出的首批年金，出閘「墮馬」，認購不足外，成功登記的 5,500 名客戶，竟有一成失去聯絡，再有三成人「縮沙」，搞到認購金額只得 28 億，非常失敗！

幸而，轉膊夠快，立即檢討失敗之因，推出三項補救措施。

小弟一睇，咦，可以瞓身喎！（聲明，我提供的，只是個人經過分析的意見，大家投資前，必須審視

自己的條件！）因為：

(一) 上限增加到二百萬—早前的一百萬，明顯不足，每月派發幾千元吸引力太少。如今男的（即是我）可得1.16萬，直至身故，這才像樣。

(二) 平均壽命不斷延長—香港人全世界最長命，這個紀錄，隨著醫療科技改進，會不斷突破。如今男女平均年齡八十六及九十歲，邁向一百，指日可待，年金正可提供終生基本經濟保障。

(三) 提供彈性—大家不再擔心資金鎖死，急用也不能取回。因一旦有醫療需要，即可在無須折讓下取回部分本金應急，可釋疑慮。

(四) 買個安心—任何投資或保險，第一目標不在賺多少，而是令內心安寧。年金不是投資

產品，而是一個畢生的保險，回報達四厘，是一生一世，永無風險。我的基礎投資，必先鎖在年金，餘錢才作其他計劃。

身邊的朋友，紛紛退休，尤其長俸公務員，若取回部分長糧，即有三四百萬元在手。這筆錢，非常「危險」，因人性包含貪念及恐懼，加上公務員對商業世界的無知，很易透過「投資」或誤信別人而失去。事實上，香港人，除在物業上（純因高樓價政策）賺到錢外，哪個可以在股價、債券、外幣、期貨、基金⋯⋯方面，長期跑贏通脹又賺得退休儲備呢？無謂呃自己，九成不會成功（連基金經理也八成未能做到！）。所以，退休後，為求安穩，免除「棺材本」損失的風險，我實在想不出有哪種投資，會百份百保本兼一世「有錢派」的。

詳細分析後，一鎚定音，瞓身年金！

談年金（三）
瞓身年金保終生

哈哈哈，哈哈哈！我終於等到喇！等到乜？正是等到自己變成「兩蚊雞族」，成為六十五歲，除了兩蚊搭公共交通工具及有醫療券外，就是可以購買政府年金了。

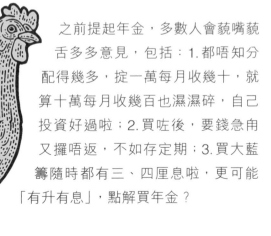

之前提起年金，多數人會藐嘴藐舌多多意見，包括：1.都唔知分配得幾多，掟一萬每月收幾十，就算十萬每月收幾百也濕濕碎，自己投資好過啦；2.買咗後，要錢急用又攞唔返，不如存定期；3.買大藍籌隨時都有三、四厘息啦，更可能「有升有息」，點解買年金？

加上，各大金融機構及銀行有「利益衝突」（自己亦正售賣有豐厚佣金的投資產品），故此，年金呢類「太公波」，點會積極推呢？

結果，慘情！第一批年金遭遇滑鐵盧，登記的5500客戶，四成人又失聯又「縮沙」，搞到反應冷淡。

咁就正嘞，因為第一次推失敗，年金公司立即針對種種漏洞補救，上限去到二百萬，有需要時可以提回部分本金應急，吸引性大增。

投資，永遠是個孤獨決定，尤其涉及退休後的「棺材本」，小弟絕不願作「蠱蟲師爺」替別人出意見，不過，自己決定就是瞓身落去。點解？

(一) 任何退休投資，第一要訣是保本保本保本。政府年金，百份百做到這標準。其他一切投資（股票、外幣、債券、期貨）皆無法擔保，只有存定期可比較。但定期？哪有永遠的四厘息呀？

(二) 退休投資，絕不可影響內心安寧。買任何「有升有跌」的投資產品，心情少不免隨價格起落而波動，無法晚晚安

睡。政府年金穩如泰山，穩坐釣魚船，無懼風浪起跌。內心安寧，睡得好，自然容易快樂及免疫系統增強，直接令人身體健康，驅走百病。這個，並非一般投資者關注到的思考性境界。

（三）百份百不會蒸發。理論上，任何投資產品，皆可能變零（例如，雷曼可以執笠、上市公司可以破產、外幣可變廢紙……）但，買政府年金，簡直是鑽石級堅挺。不少人以為特區政府只有二萬億儲備，錯！政府的資產，更包括國際機場、隧道、公路、數千政府物業，數千頃土地（郊野公園在無錢時也可開發……），絕對是全球最富貴的城市。

請問，呢個世界上，可有完全符合以上三個條件的投資產品？有就扑我個頭！

講完。為了「快樂退休」，我決定瞓身年金，保障一生。

收息保本 享有身心安寧

長者盡快
掃銀色債券

以前有隻粵曲，街知巷聞，乃新馬師曾首本之作「光緒皇夜祭珍妃」。要唱足整首曲，十之八九香港人唔識，但頭幾句，則倒轉十之八九懂得唱，不過，多會自改歌詞。

原曲詞為：怨恨母后，幾番保奏不能為我分憂。

去到市井之徒口，即變：怨恨母后，點解生我出嚟就要「揸兜」（以上兩隻字，可以任意改動）。

想起此曲，因我見到第三批銀色債券，自己只差八日就夠年齡認購，如今⋯⋯真似蛋家雞見水矣。故只好也唱 — 怨恨母后⋯⋯。

2017年政府的銀色債券也如頭兩次，總發行規模三十億，但保證回報，則升高五成！由兩厘提高至三厘，唉唉唉，若我夠資格申請，必定瞓身落去，有幾多掃幾多。點解？因為：

(一) 包賺無蝕——每次政府發出債券，其實皆屬派錢之作，只賺不蝕，本身絕無風險，政府照保，毋懼跌價又肯定有息派。試問，有哪隻投資產品可相提並論？退休人士及長者，本身資金可能是「棺材本」，絕對冒不起任何風浪，買銀髮債券，正屬最佳選擇。

(二) 可贖回而不扣息——現金存定期，也可能有接近三厘息。但定期存款一鎖定，就不能提取，否則無息之外更要罰息。銀債投資者則安全得多，若需要在到期前套現，政府將以原價及相應的累計利息贖回債券。

(三) 內心安寧——絕大部分投資者，皆忽略內心安寧的重要性。年青投資初哥，多錯信「高風

險、高回報」這個誤導口號。其實，在投資鱷魚潭，「高風險」經常等於蝕到你渣都無，因騙子如毛，大鱷如麻。你想在高風險中取得高回報？發夢無咁早也。成熟投資者，當然明白，投資的第一目標，並不是牟利，而是保本。惟有如此，才可內心安寧，無須面對大起大落而憂心忡忡，擔心自己長年儲蓄回來的財富毀於一旦(炒樓變負資產及誤買Accumulator者，應最清楚！)。保本後，能有合理利潤，甚或跑贏通脹，已是很好的Bonus。

持有銀髮債券，能享有Peace Of Mind，這對心理健康至為重要，因為，抗病的免疫力，也會因而大大提高的啊！

圖表2.2 銀髮債券基本資料：

年期	3年本金將於零售債券到期時全數(即100%)付清
付息日	每6個月的期末，支付一次
年息	於利息釐定日釐定及公布為下列較高者:- 浮息，與綜合消費物價指數的最近6個月平均按年通脹率掛鈎； 定息(於2019年和2020年到期的銀色債券，定息為2.00%；於2021年到期的銀色債券，定息為3.00%。)

資料來源：政府債券計劃網頁

跳上
「必賺號」遊輪

老友們一向皆視我為「投資明燈」，很多人都問我：
「iBond買唔買得過？若買得過，最佳認購策略為
何？」

小弟過去多次白紙黑字，大力呼籲各位認購
iBond，原因簡單：這是世界上唯一香港小市民可
以投資，又必賺的產品。

政府首次推出iBond時，不少「財經演員」勸大家無謂
認購，因「大雞唔食細米」，兼且，市面上不少投資有
五厘以上息，認購iBond細眉細眼，太沒志氣了。

沒有調查，沒有經驗，就沒有發言權。

我公開鼓勵大家申請iBond，當然身體力行，用盡流動現金（絕不借貸），第一次用了十萬港元。多得「財經演員」唱淡，令我全中。

一如中銀全球市場副經理梁偉基指出，第一批iBond（4208）以升值、派息及孳息率計算，回報率達13厘。而第二批iBond（4214），亦達11厘。

思考應否買iBond，其實簡單，只要問自己以下五個問題：

(一) iBond是否百分百保本債券？（是！世上罕有零風險債券。）
(二) iBond是否必賺投資？（是！問題只在賺多少，由一厘息開始。）
(三) 投資iBond需多少手續費、行政費及存倉費？（多間銀行及證券搶客，收費基本上全免。）
(四) iBond流通量如何？（百分百暢通，任何時候出售必有買家。）
(五) iBond是否需要龐大資金及資格？（一萬元已有得玩，有香港身份證就可認購。）

試問，世上有哪樣投資，可以滿足上述五大範圍呢？

結論，iBond乃特區政府派錢政策，有香港身份證就有受惠，穩操勝券，小投資者沒有不認購的理由。

當然，若閣下家財億萬，天天幾球資金（幾百萬）上落，就不應與小市民爭食。

小弟策略，等每次的iBond認購開始一周後，看反應才決定申請多少，以免浪費子彈。同時，亦會鼓勵全家總動員，跳上這「必賺號」遊輪。

圖表2.3 iBond基本資料：

類型	政府發行的通脹掛鈎債券
最低面額	10,000港元
年期	三年
付息日	每6個月派利息
息率	與綜合消費物價指數（CPI）的平均按年通脹率掛鈎，並設有最低息率(1.00%)；債券到期時全數(即100%)付清本金
交易方式	可於香港聯合交易所(聯交所)內進行買賣

資料來源：錢家有道

投資者快看
《震撼真相》

2019年初，星島日報「投資王」曾有一則頭條故事名為《科技股打升級戰》，老編麥志豪重溫10多年前布殊政府製造謊言，指伊拉克藏有威脅美國安全的大殺傷力武器，故必須先下手為強，將其摧毀。其實，目標是將眼中釘侯賽因謀殺，以霸佔伊拉克的石油資源。

美國佬的狡猾及心狠手辣，其後被一張小報Knight Ridder兩名有良知又鍥而不捨的新聞記者踢爆。原來，小布殊的出兵策略是先有「軍事目標」，再命有關部門「設計情報」去配合。「情報」就是老作伊拉克藏有「大殺傷力武器」，然後游說國會通過出兵，並要求「盟國」加入。部署中，又得到主流傳媒打鑼

打鼓和應。

這項美國稱為"Shock and Awe"（威懾與恐嚇）的軍事行動，令伊拉克人民死傷過百萬，美國年輕子弟兵，亦有三萬多人失掉寶貴性命或變永久傷殘。

上述事件，被美國大導演羅伯雷納拍成電影，名《震撼真相》，2018年上映。

不幸地，因此片揭露美國政府為「國家利益」而不擇手段、心狠手辣的恐怖真面目，於是，被各方打壓，包括曾經支持政府出兵的主流傳媒。結果，《震撼真相》無聲無息地上映，然後再默默地落畫。

幸而，此片在網上及影碟方面仍可找到。

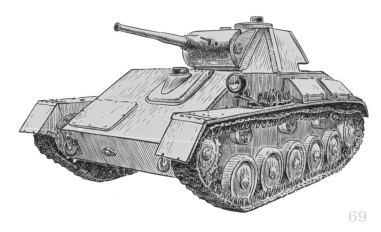

小弟建議各位投資者觀看此片，並非因其充滿娛樂性，而是，告訴大家，美國最新一波以「國家利益」為藉口的「軍事行動」，已部署完成，正按步就班「出兵」。打殘／打擊的目標，正是中國在5G方面的科技發展！

策略包括：抹黑中國發展科技動機、誇大5G殺傷能力及透過「情報設計」將其妖魔化、游説政界及主流傳媒支持、拉攏盟國聯成戰綫。部署完成立即「出兵」摧毀中國5G發展，以令美國操控全球先進科技，鞏固霸權。

大家切勿低估美國稱霸的決心及將使出的狠辣招數。所以，應有心理準備中美角力將不斷製造大震盪。明智的選擇，還是先避開一切與5G有關的股票較安全。千萬勿信「富貴險中求」！

投資要有
Common Sense

一般財經專欄，多會提議人買乜，絕少忠告人千祈咪買乜。記憶之中，我曾有幾次實牙實齒呼籲大家不要投資。

(一) 2014年初，人人瘋癲走去認購已蒸發的 Magnum（2080），打崩頭之際，小弟指出此乃虛火幻象。因這隻夜場股用錢堆出聲勢，其實毫無實質資產。這種賣職業靚女的生意，只要「媽媽生」過檔或競爭對手出高價挖角，即冚，故絕不值得投資！（結果有幸言中！）。

(二) 切忌沾手虛擬貨幣 Bitcoin。因此乃百分百世紀大騙局，當然，大量羊牯湧去買時，價格會爆

升，「叻仔」的確可搭一轉順風車。但這種錢，並非有基本道德者應賺的，因你在協助大鱷吸吮無知者的血汗。Bitcoin買空賣空，毫無實質資產或政府在背後監控，一旦爆煲，立即屍橫遍野，無法可循，無例可依。結果，

2018年首季，十大虛擬貨幣已蒸發了近二萬億元！受傷者，絕不值得同情！

(三) 現時不要買新樓收租。我家附近的何文田區，一年內推出千多個新單位，不少投資者竟真金白銀湧入市買樓收租，視作投資。慘矣，真的入了「水魚籠」。因如今過千萬元的全新樓，只可租約二至三萬元！減去差餉管理費維修折舊及納稅，簡直得個桔。租約滿後，摸頂購入的新樓已變二手樓，前看後看，皆非理性投資。

(四) 不要投資毛記股票。毛記（1716）招股時，我曾指出毛記絕對沒有投資價值。因為（1）盈利正在滑落中；（2）沒有新客戶；（3）沒有實質資產；（4）藝員沒有天價市值。此股一如Magnum，是個假象，只要用少少基礎投資理論分

析，就知其「虛幻」。但市場並無理性可言，毛記竟變超購王，超額認購6288倍。敢問，究竟這種超異常現象，是怎樣「搭建」出來的？當然，一切不合常理的事皆無法持久。終於，由第一日爆上$11.76後，任何投資者上市後才入市的，大多搞到雞毛鴨血。俾人放血！

在以上四個範疇，衝入市者，全部損手爛腳，這個，很難怪人。要怪，只怪自己無投資Common Sense又不做功課也。

收息保本 享有身心安寧

投資：
不可一廂情願地幻想

投資，從來不是浪漫行為，更不可一廂情願地幻想，必須做的，是未投下巨資時，自己潑（或找老友潑）冷水，反覆挑戰自己的想法，有若電影、電視及廣告行業的「踢橋」（即找出漏洞及唔掂之處）。可惜，現實上，大部分生意人，尤其沒經驗的中小企東主，多數只會自己催眠自己，投資前，只單一看好。

舉例，土瓜灣馬坑涌道，地段甚旺，但有一死舖，面積相當大，位置相當好，但不知為何，過去三十年，小弟親眼見證，就是邊個做邊個死，不知已埋葬多少雄心壯志投資者。在此位開過舖的，有海鮮漁港（幾間）、中式酒樓、茶餐廳、火鍋店……因地

方大，全面裝修一次，起碼幾百萬。但長則幾年，短則幾個月就執笠，非常得人驚。而每位新投資者偏唔信邪，仍大興土木改門口格局，擺明有風水師傅指路，結果仍逃不過同一命運，蝕死收場。

不過，奇在，每一次雞死就很快有雞鳴，究竟，下一位「不幸者」為何有信心，全世界人做唔掂的「邪舖」佢會掂呢？太一廂情願了。

飲食界充斥唔信邪的浪漫人，零售界又如何？相信，已故的林偉駿，正是個人辦。

其實，略懂數口的生意人，略略計算，已知759阿信屋經營方法，根本無可能賺大錢。因為，在租金十分貴的香港，用「亂開分店」的方法經營，只賣單頭（銀碼）幾十幾十的零售小生意，竟希望挑戰兩大超市

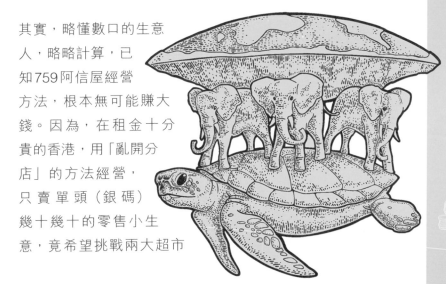

集團，單單這個想法，已是一個浪漫的幻想。

我是759阿信屋會員，經常幫襯，但從不會買這隻股票。簡單分析，有蝕無賺，何來光明前途？阿信屋在2010年由一間起步，八年間已擴展到近270間分店，且不少在旺地以高租金開舖，從任何角度看，主事人恍如有點「失控」。

尤其後來，更涉足Kawaii Land，林偉駿交給幾乎毫無營商經驗的女兒主理，又是採用「亂開一通」的一廂情願方式。結果？幾年後執下一間，執下又一間，蝕去巨額投資。

開門做生意，搵一千幾百萬很難，蝕一千幾百萬，一次幻想已輸清光！

人生的
重要投資

大學時，哲學教授一名句，令我終生受用不盡，"At times, no action is better than action."，即中國人智慧：一動不如一靜。

當全球金股匯及樓市兵凶戰危，不宜沾手時，大家就應暫且離開金錢圈，轉戰人生更重要的投資場：健康、親情及知識。

投資，狹義目標是謀取利潤，賺就是成功，蝕就是失敗。

但，拉高一個境界看人生。金錢投資，只屬低層次，所以切勿陷入「窮得只剩下金錢」慘況。大家身

邊必有不少為得到金錢而失去親情、健康、人格範例，無須多解說。

我看人生投資，首選健康，沒有良好體魄、安寧心境，生命中一切，皆屬空話。第二，必須投資感情，包括親情及友情。

親情及友情，乃人生中最重要Comfort Zone，給你安全及溫暖依賴。入了「安全區」，就如有道鋼牆將一切不如意、大風浪，種種令你惶恐不安因素隔開。

第三，投資知識。具知識智慧者，必定凌駕無知笨拙者。尋求知識，需要教育入手，有了學識，事業自然花開燦爛，經濟問題即可解決。

以上三項投資，一如投資股票，收獲不會從天而降，運氣不會屬於符碌懶惰者。期望得到健康、感情及知識成果，一如培育植物：有良好種子、土壤，然後再加以適當灌溉、施肥、除草除蟲，事事認真做。

例如，投資健康，就要提升免疫系統能力，令自己百病不侵。早睡早起，飲食均衡及適量運動是基本功。清除心中負能量，不貪慕不強求，晚上睡得安寧，健康自然唾手可得。

感情方面，主動關心、包容、陪伴，才可令親情及友情開花。

最後，知識是永遠不能被掠的財富，這項財富累積方法，只得一個：誠心學習。面對金錢市場大悶局，何妨細味人生最重要投資？

3 以樓養老、傳承的迷思

人人買樓
我賣樓

投資，就是要掌握最好的時機買賣（低價買、高價賣）。

我長年擁有兩間物業，一間自住，買入就不會賣，因愈住愈安逸。另一間，純為投資用，考眼光。戰績顯示，過去三十多年，我用作投資的物業，次次皆可低價買入，高價賣出（當然，若死揸不放至今天，可獲更大利潤！）從未失手。

對上一次買入投資用的，為2007年9月。當時，路經居所附近街坊式地產代理，發覺有一單幢大廈的小型單位，只需一百零幾萬，計計自己的經濟實力，絕對可以負擔。於是，即時睇樓，單位通爽光

猛，印象良佳，立即扑鎚就買。

買入後，並沒租出，只供親人居住。最近，親人覓得更理想單位遷出，給我一個機會考慮如何處置這間投資物業。

2018年，啟德地王一出，引發全城樓盤反價，新樓開售竟然一Q清袋，爆發出的搶樓潮，銳不可擋。這情況，我怎決定呢？

思考了一天，決定放盤。一如所料，很快已有買家睇樓、議價，幾天後即扑鎚成交，價錢是我買入的數倍！

小弟買賣物業及股票，從不與人商量。因堅信 Investor is a Lonely Hunter，無須跟隨群眾情緒，只冷靜問自己，這是否買入 / 賣出的最佳時機？

我決定出售物業，有以下分析：
(一) 目前樓市很「癲」，已再沒人說會有冧市機會，即幾乎全民已失去了警覺性意識。回看百年的股市樓市，倒冧之前，必定有此現象。

(二) 正路分析及數據，樓市的確「無得冧」。但重溫小弟見

證過的五十多年來多次冧市，次次出現「黑天鵝」現象，全部皆有事前沒人能估計的慘劇發生（例如八三年港元一夜暴瀉、八九年六四事件及〇三年沙士大爆發）。下次如何？天曉得！

(三) 目前樓市，最佳套入股神畢菲特理論─人人恐懼我貪婪，人人貪婪我恐懼。連李嘉誠也指出目前香港樓價全世界最高，意味甚麼？樓價會永恆不合理地創新高嗎？當然不會。

(四) 最重要，凡投資賺夠就應收手，切勿貪圖賺盡最後一蚊，否則，後果可能相反！

投資
切勿買樓

社交場合，不少中產老友視小弟為投資明燈，真心也好，禮貌也好，多數會問句：「喂，阿碌，近期投資乜好呀？」

大家老友，知道佢哋今時今日的財富，乃在專業拼搏上艱苦賺回來（律師、傳媒人、公務員、醫生），全是一點一滴的血汗累積，位位六十歲或以上，故此，全屬養老金或「棺材本」，絕對不能有誤。所以，投資必定是穩陣第一。

「首先，切勿買Bitcoin、創業板股、二三四線股、總之凡不懂的東西，不要買！業務不明的上市公司，不要投資！其次，股市短期內或會有急劇波

動，大家一定要忍手，持現金，再鎖死幾隻股票作出擊目標，定個心中價，到價才掃貨。總之，有放過無殺錯！不要笑我幻想，小弟肯定大冧市會於2019年至2020年發生，到時『鐵股』也會插水，有幾隻股到價就吸，包括新地（0016）；恒基地產（0012）；恒生銀行（0011）；港鐵（0066）；領展（0823）；港交所（0388）大家可記下，引證我的預測，看看2019年股市會否有大波動！」

「近五年樓市升到『澎澎聲』，可否投資？」

「切勿因投資而買樓！自住若因單位罕有又合心意，另計。
若為投資，如今，幾乎『入嗰個死嗰個』。我住的地區，在
九龍西市中心，幾年前有個新樓盤放出近千單位，全部買
家『即買即綁』，至今絕大部分未見家鄉。近年，旁邊再
湧出三大樓盤共二千幾個單位，小弟親眼見證，任何投資
者，皆『即買、即綁、即放租』！買咗希望升值沽出者，無
一幸免瓜直，因新單位全部滯銷。如此多新單位未去貨，
怎會有人買二手？好嘞，綁死，當然要放租幫補供款。你
放我又放情況下，千幾萬新樓，只能以二萬多月租放盤。
連折舊，最多只有一厘左右收入。慘在，新單位被人住
過，即時貶值。租客離開後，又要花十萬計金錢翻新，投
資新樓望升值，戇居至極。若想靠賺租供樓，更是發夢，
百分百屬愚蠢投資！」個個聽到眼仔碌碌，因可能執番身
彩！

「另外，未來兩年有數萬新單位湧出，信香港樓市無得跌
者，等人打救可也！」我實牙實齒指出。

以樓養老、傳承的迷思

以樓養老的
迷思

以下，是我對物業與養老的自問自答，純屬個人想法及取向，適合我的，未必適合大家，因各人的目標不同、處境不同，沒有對與錯！

(一) 退休人士靠收租養老，是否明智？

答：我曾長時間擁有一層可以收租的物業，最終在2018年樓價不斷創新高時頭也不回沽了。因為，做業主太煩。尤其退休後仍要跟租客糾纏，是一件折磨人的事，何苦呢？擁有出租物業，問題多多，尤其遇上租霸，不單欠租拖租，更可能每天廿四小時向你「報告」樓宇的問題（天花滲水、電器損壞、水喉無力……），期望你火速處理。另外，大廈需要維修時，業主立案法團又次次開會鬧大交，單單夾錢

已鬥個天長地久，十分折磨。

最弊，如今收到的息率，僅及樓價一至兩個巴仙，太呆了吧？投資選擇有千百種，出租物業煩惱多、脫手難，沽出又要重「罰」辣招稅。升到目前水位，若購入物業收租，蝕的機會超過一半，極為不智！

(二) 如有財力，應否協助子女「上車」，甚至替他們供樓呢？

答：協助付首期及替子女供樓是完全兩回事。我的價值觀，可能與很多父母不同。從來，覺得供書教學之後，父母責任已完，為令他們獨立面對人生，應狠狠剪掉「經濟臍帶」，如此，子女才有機會面對真實世界，面對真正競爭，由競爭中，學會自立，爭取個人的成就。

當然，子女有問題，我一定幫。但談及買樓供樓，胡亂出手，分分鐘可能幫倒忙。小弟觀察樓市五十多年，見盡不少「黑天鵝」出現，令樓價狂瀉。若如今高價協助仔女上車，分分鐘將他們綁上戰車，每月供款已十分難揞，一冧市更會立即變負資產。過去發生的事，不少人失憶，但我沒有。在樓價「合理」又衡量子女有能力供樓時，我是願意幫忙的，但仍希望以免息借貸形式進行，而不是無條件餽贈，因要維持他們的「責任心底線」，盡力做到獨立、自給自足。代供樓？百分百不會！因不能鼓勵他們不勞而獲！

（三）若無財力，應否按出自住的樓，幫仔女付首期或幫仔女供樓？

答：任何人，必須面對現實，沒有足夠財力，切勿購買物業！慾望人人有，但請先照鏡！父母按出自住樓幫仔女付首期，危險又不智！

記住，樓市不會天天好景，反之，隨時會因「黑天鵝」出現殺你一個措手不及。若按出自住樓替仔女付首期，樓市一冧（例如六七年、七三年、七八年、八三年、八九年、九八年、零三年、零八年……），父母及子女兩層樓可能一同變負資產，你可有諗過情況會幾惡劣？做任何事，必須考慮及分析清楚，切忌不自量力及受一些「地產合唱團」（地產商、地產代理及天天收地產廣告的傳媒）誤導，不要以為樓市會只升不跌！

（四）子女離巢，應否賣大屋搬細屋，或租長者屋？

答：人人需按自己實際情況作思考，絕無公式答案！我自己又如何？子女離巢，快樂透，因可以多間書房或Audio Visual Room，簡直是一生人的夢想，故絕不會大屋搬細屋，除非經濟出現問題（看來機會甚微）。租長者屋？暫時只得「雋悅」有提供，條龍由尖沙咀排到荔枝角，起碼搞幾年！無謂諗了！

（五）是否建議以自住樓做逆按揭？

答：絕對支持！退休人士不應再夢想發大達（要發，早發了！），追求的應該是穩健的財政，最理想是一生無需再擔心經濟，以達致身心安靈，如此，有助提升免疫力。

我認為最理想做法：將積蓄盡買政府年金，以保證一生一世每月有基本「收入」，然後再將自住樓做盡逆按揭。如此，每月再多一筆可觀「收入」而又不用擔心無樓可住。這種「摼地游水」式財務安排，適合任何中產而非大富大貴的退休長者，智慧之選也。

買檳城樓
過天堂式退休生活

香港，貧富懸殊，沒錯的。而中產階層，亦多到不得了，因為過去四十年房地產不斷升值，食正這香港起飛時段，勤勤懇懇努力向上唔怕蝕底捱得做得一族，除非遇到意外或行正特別霉運，否則，總應該有足夠過世的積蓄。

事實上，香港地，值千萬以上樓以十萬伙計。所以，家財千萬，並不可稱為富豪，富豪起碼要一億以上！

那麼，揸住四千萬在香港退休過世，是否很豐裕很安穩呢？看你要求甚麼生活質素了。起碼，你不能住在三千呎臨海大屋吧？但搬到其他城市則有

機會。移民到美加澳呢？一來遠，二來始終文化不同，三來，凡做過移民者皆知，當地人不會說出口，但仍感到有多少種族歧視之感。故此，近年香港人，不少公認最佳移民地方為台灣。這個我絕對同意，因同文同種，有充足資訊自由，飲食合胃口，一個多小時已可來回香港。

最近，又發現一個低調好城市，馬來西亞檳城。

老友肥偉，前年從大機構退休，強積金供滿自住樓宇加多年投資，財產共有四千萬。在香港，算比上不足比下有餘，但想過豐裕生活，仍有所不足。肥偉退休前已詳細研究最佳的移民地方，基於氣管敏感，下雪的城市首先剔除，最佳為熱帶城市。新加坡，悶出鳥來；但隔鄰馬來西亞，則海島處處，民風純樸，華人特多，頗具香港五六十年代風味。肥偉走訪數次之後，決定連根拔起，往檳城定居。四千萬財富，調千五萬過去買樓。

千五萬，香港只可買名義上的豪宅。但檳城呢？可以買一間三千呎臨海大宅，有會所有泳池有車位。住客皆當地專業人士、低調富豪或香港退休高官。大家背景接近，極易溝通，很快已可建立友誼，互相照應。

肥偉屬尖咀一族，香港家中菲傭姐姐弄得一手好菜，於是，將佢帶埋去，食得有保障。

當地買樓平、買車平、稅平、保險平、醫療費用等民生支出也便宜。超市食物，價錢約為香港一半。

肥偉剩下二千五百萬，將一百萬用作流動現金，應付必須支出，其餘二千四百萬，盡買高息藍籌，主攻兩隻鐵股，中電（0002）及領展（0823），皆在三年前入貨，只買不賣，現今升值加息率，平均每隻有六厘息，即每年單收息約有一百四十多萬，每月不需要動用本金，已有超過十萬元用，在檳城，可以真真正正過著富豪生活。難怪，偉哥回港飯聚，風騷爆話：「唉，原來每月使十萬，好難㗎。所以，得閒咪拖老婆遊埠或返香港探吓老友囉。如今檳城已切切實實成為我退休天堂呀！」

二百萬
買千呎豪宅

我曾在專欄上寫過肥偉四千萬退休的事，竟引來不少迴響，連多年無見面同學仔（四十五年有多）「排骨A」，亦來電約晚飯，話要親身陳述佢「千三萬過半退休生活」詳情。

一見面，A哥已笑不攏嘴，開枝法國靚紅酒，興奮地介紹：「阿碌，你寫肥偉四千萬退休，哈哈，我用三分一，即千三萬已掂呀，你可以公開！」

「排骨A」三年前退休，當時揸住一間太古城七百呎單位及三百萬股票加現金，正在煩惱唔夠食過世之際，有日，拖住老婆去旅行，過咗深圳，試坐和諧號，一個站就到樟木頭，落車後走入城，發覺甚多

地產代理公司，望望櫥窗不禁大叫：「唔係嘛，二百萬可買到千幾呎優質豪宅？」

好奇之下，推門入內，經理見「財神」到，熱情招呼，帶Ａ哥夫婦即時睇樓盤，發覺，大量豪宅，百幾二百萬已有交易。Ａ哥即時心動，睇中一間遠望青翠群山，千五呎已有豪裝單位。因上手為室內設計師，故裝修用足靚料，非常有品味。即日扑鎚，一百九十五萬人仔成交！

實在太興奮，扑咗鎚才記得問：「點解會咁平㗎？」

原因簡單又話長，從前樟木頭甚多工業，有不少外商居住，亦為香港退休人士天堂。後來中央決定來一招「騰籠換鳥」政策，將勞工密集及污染工廠遷走。但樟木頭領導不似東莞或其他城市，牙力不足，於是，工廠有出，但新生意冇入，成個樟木頭謝晒，失去經濟動力。於是，廠商及專業人士紛紛離開，只剩下草根居民及不少退休者。

中產人士走後，大量中高檔豪宅空置，紛紛以跳樓價出售。基於此處無甚麼經濟活動，當打年青及中年人當然不會在此買樓定居，於是，不少放樓者一再劈價。

排骨A食到應，回港將太古城單位賣出，揸住千三萬，調二百五十萬到樟木頭買樓。餘下留五十萬現金，另一千萬持有三隻股票，港鐵(0066)、港交所(0388)及領展(0823)。一如肥偉，只買不賣，長揸食息，因掃得早，如今升值不少兼有六厘息率（因入貨價平！）每年收息六十萬。

「阿碌，六十萬一年，即五萬一個月，在樟木頭，點用？首先，唔買車，因市內大把出租車，廿四小時隨傳隨到，十幾廿蚊人仔一程。請個工人，二千人仔。朝朝飲茶，晚晚燉湯靚雞，黃昏帶狗仔散步。資訊封鎖？不怕！我識翻牆兼用香港電話卡上網，乜報紙都睇到！重有，通街「番梘碟」舖，五蚊隻，最新香港上畫電影都有齊，哎吔，其實想買正版碟都無！內地政治我興趣不大，只有興趣過自己喜愛的安逸生活，哈哈哈，幾正㗎！」

小弟又如何？因屬「鹹水魚」，覺得生活在香港這個「海洋」才會有生命力及參與感，個人則不考慮肥偉及排骨A的「退休天堂」生活。

傳承
該留下甚麼

如何安排傳承及分配遺產，困擾不少退休長者，以下，再來自問自答：

（一）應否留下財產給子孫、親友？

答：我很早已訂立遺囑，聲明一旦離世，所有遺產全給我摯愛的人：老婆大人！再由她再策劃如何處理（將煩惱大腳傳中給她？）。因我基本上希望子女各自獨立，不存妄想或早早準備靠我的資產過活。一如我自己，年青時已向先父表明，不需要他的遺產，因深信自己能做一個財政自立的人，只有我幫人，而無須任何人幫我（故此，才會長期一份主職兩份兼職去搏殺！），我有這種心態（大志？），當然希望子女亦如是。所以，從不表明會有財產留給

後代，只希望仔女讀飽書後，發奮經濟自主。

(二) 對於那些認為「一定要留層樓給仔女」的人，怎看？

答：人各有「志」，每個人亦有自己的盤算。只是我不明白，栽培到子女成材後，為何仍不給予機會他們向自我獨立的生命負責？年青時，我見過一位二世祖，因父親遺下了不少收物業，不用工作，起初，他以為這種生活很寫意，結果，十年後，同屆同學全部各有成就，而他就只像一條好食懶飛的蛀米大蟲。結果，愈來愈自卑，覺得自己是廢人一個。記住，不適當的財務安全感，只會窒礙子女成長及其對社會作貢獻。

(三) 如不留遺產給後人，想盡捐身家，可以如何安排？

答：可借鏡「基督為本基金」創辦人盧炳松的方法，他兩位兒子很早已表明無須父母在經濟上支持。於是，盧兄就將財產成立一個慈善基金，如今用來幫助絕症患者完成人生最後的願望。這種安排，遠比將財產「送」給子女更有意義。錢，用在最需要又無助的人身上，才會發光發熱！

(四) 若真要分配遺產，有甚麼要注意？

答：早點向各「持份者」透露自己的打算，一定要防止令家庭四分五裂的爭產醜惡事件出現。對子女，若要分，就要

平分，除非他們已表明不需要（例如我的個案！），否則，
必現矛盾。

(五) 何時是計劃遺產安排最佳時機？

答：中國人很忌諱談遺囑及處理遺產，這種想法，絕對錯
誤，因若不早作安排，突然出現任何情況（誰會知自己何時
離世？）的話，人性的妒忌、貪婪、不忿就會立時湧現，
家庭因而四分五裂互鬥情況，香港法院天天上演！我又如
何，五十多歲已搵律師寫好遺囑。不過，一日在生，一日
仍可改寫的呀！

(六) 身家以外，還有甚麼可以留給後人？

答：其實，留給後人，最寶貴並不是財產，而是一份心中
的富足感。最好當然能樹立好榜樣，作出身教，令子女也
做個對社會有貢獻的人。能傳承這種心態及價值觀，就是
最寶貴的了。

4 生活自由
心靈也要
自由

快樂退休
六寶（一）

小弟常常被邀請出席「快樂退休」演講，為免內容千篇一律，故此，每次皆引出一些新體驗、新心得與聽眾分享。只要中正佢哋內心渴求，提供到「解藥」，即會人人「木口木面來、快快樂樂走」，這種場面給予小弟無限滿足感。

退休，對不少人（尤其男性）來説，正是煩惱的開始，因不知如何打發每一個日子。悶悶不樂下，必影響健康。所以，請記住，健康與快樂，必須自己雙手創，兩樣互為因果，必須下決心搞到最好為止！快樂的人，多數健康，因免疫系統強。有健康體魄，才可實行多項人生計劃，毫無顧慮，也會帶來快樂，製造一個正能量循環！

聯合國調查公布，其實，快樂好簡單，排頭幾位的，皆不用花上大量金錢，即是，人人唾手可得，問題是你可會有紀律去做？退休後：

(一) 睡得好。要睡得好，先要有內心安寧（Peace of Mind）。要安寧，就要放棄自己不應得到的一切，包括金錢、權力、感情等等。只做能做到的，只收取應收取的，只培養應培養的（偷情者多慌失失、鬼鬼祟祟），自然內心泰然，可以安睡。同時，不要苛求別人包括仔女做到自己主觀要求，這樣，事事開始順眼，因而安逸。

(二) 多唱歌。沒人逼你去表演，只是透過音樂，抒發情懷及進入歌曲的美妙世界。小弟最喜歡行到邊唱到邊，尤其早上行山時，大大聲引吭高歌，何其豪邁愉快。唱歌，也可聯群結隊，組合同好者，唱 live 好，唱 K 也好，一齊唱，可以將害羞心態減到最低。就由早年「木匠樂隊」（Carpenters）的歌

曲 "Sing" 開始吧,並理解歌詞 "Sing, sing a song, make it simple to last your whole life long. Don't worry that it's not good enough for anyone else to hear, just sing, sing a song "。天天唱明快節奏的歌,在製造內心快樂方面有神效,試吓啦!

(三) **跳舞**!又是,不用怕舞姿生硬跟動作差,你不是在表演,而是在「分泌快樂荷爾蒙」!你可曾參加過一年一度的「馬哥孛羅德國啤酒節」?若有,必受現場的狂熱氣氛感染。為何人人在舞池中,尋找到平日難得一嚐的快樂感覺呢?快快組合志同道合者,找個地方,大播 " Staying Alive","Night Fever","Grease"," YMCA" 等等,跟音樂隨意扭動身體,盡情投入,拋棄所有內心包袱,你會發覺其製造快樂的神效。

快樂退休
六寶（二）

退休，當然要快快樂樂！但快樂不會由天降，要親手營造。前文講咗頭三寶要睡得好、多唱歌、勤跳舞（做運動），全部有助快樂荷爾蒙分泌。

另外三寶又如何？

（一）食食食—品嚐美食令人快樂，快樂有助加強免疫系統，免疫系統強，病魔難侵襲，自然健康！（記住，不等於狂食濫食！）兼且，美食，乃最佳社交媒介。人與人之間感情，不少就在一頓晚餐中建立。事實，追女仔，燭光晚餐，豈可或缺？美食當前，人的隔膜，會降至最低，增進感情及友誼的機會，則會大大提高。我的「為食小組」有N個，每次

聚餐，美食加紅酒，就能製造源源不
絕的快樂。

(二) 令別人快樂──施比受更有福，講
的人很多，但真真正正身體力行去感受
而能開竅的，小弟觀察，甚少。當你能
夠幫助不幸又或老弱傷殘者，令佢哋減低
甚至脫離痛苦，變為快樂時，你必會感受到
最大的快樂。這是過去幾年我的親身體驗，每
次組織活動，見到每位參加者由心笑出來時，就會感到無
窮喜悅。

(三) Delete負能量人及事──未退休時，有工作責任，必
須「食得鹹魚抵得渴」，收了人工，就要履行指定角色。開
工，多數時候不會快樂，因要面對大量你不想見的人（例如
腌尖腥悶態度惡劣的客戶），又或處理不太想做的事（例如
訓斥員工及炒人魷魚。做公務員的，則要填寫表現奇差下屬
的考勤報告，大家關係勢必惡劣）。退休後，就再沒義務及
需要見負能量的人和事了。我的方法，非常決絕，永不拖泥
帶水，不想見的人，一律不見，就算短訊傳來也不覆，對方
自然知難而退，「另覓獵物」。不想做的事，更絕對不接。退
休後，沒人可以再強逼你接受任何人及事，故此，快樂由自

106

己雙手建立，同時，煩惱亦是自己創造，小心。

快樂退休六寶：睡得好、多唱歌、勤跳舞（做運動）、歎美食、令別人快樂及Delete負能量人及事，無須花費大量金錢，但必須有決心、有紀律去實行。當你快樂時，自然有一種魅力，有一種吸引力，令更多人希望與你相處及成為朋友，這時，你的生活，必定多姿多彩！

學做
「乞兒」

有權有勢高官退休，尤其男的，很難適應，故此，不少終日鬱鬱不歡，部分更五年內百病纏身，蒙主寵召，令人極度遺憾。

小弟看法，做得高官，全部是精英人馬，理應IQ、EQ、AQ瓣瓣比別人高，尤其分析力更必比別人強，所以，退休前，理應早早為自己的心理及生理變化作出適應部署。

但事實如何？原來，大部分都選擇逃避，未到最後一刻，也不肯面對現實。只因，做大官，實在風光過癮也。

小弟在此忠告一聲，任何高官（大機構CEO）也如是，最好未退休前，已有轉做「乞兒」的心理準備，早點認清事實，早點適應退休生活。

這裡講的「乞兒」，當然並非行乞者，而是一種生活狀態：無權、無勇、無福利、無糧出、無大屋（官邸）、無秘書、無司機、無下屬、無人騷……最重要，最極端，無人尊重！

這與高官生活剛剛相反：有權有勢、大把福利、薪高糧準、半山大屋、秘書副手司機、人人見你打躬作揖、富豪商家稱兄道弟、下屬前呼後擁、人人見你皆特首（或司長、局長、處長）前特首後。權力，令人飄飄然。

不過，公家權力，其實由零開始，就不屬於你，所以，夠鐘就要「剝光豬」！

能適應及欣然接受者，就可享受快樂退休，否則，無乜人可以幫到你，由泥足深陷「風光生活」回憶中抽出。

關於成功轉型的高官，小弟曾向讀者介紹了廉政公署前神探曹渭仁。退休前住半山，三千幾呎大屋，有權時，拉過

猛人無數。退休後，立即頭也不回，遷入新界村屋，過著日出而作的農夫生活，主攻有機耕種，快樂地享受第二人生。

反觀，前特首曾蔭權又如何？長年住十萬呎官邸，退休後，仍想享受六千呎無敵靚景豪華大宅，但又不願意透過正途出市價安排，結果，慘，大宅未住，住咗入赤柱！真諷刺。

說回來，其實做「乞兒」也相當釋然，日常無人壓逼你騷擾你，喜歡瞓到幾時都得，開唔開工無人催，無責任無壓力，無須納稅裝扮有禮。另一角度睇，亦相當快樂逍遙。

記住，退休要快樂，其中最重要，切勿緬懷過去位高權重巴巴閉閉的日子，快快學做「乞兒」。

快樂退休
＝貢獻社會

小弟的專欄影響力不少，除了部分文章在網上被國際華人圈子（美加澳）一再傳閱外，小弟撰寫專欄不久，已有出版商關注，基於「樂齡一族」又或Young Old人口高速膨脹，於是，2017年香港書展出版一本《快樂退休》由於小弟持續撰寫專欄及出版退休書，已經習慣了花大量時間閱讀外地的相關書籍及不斷思考。當然，亦會在網上搜索退休的智慧。

最近，讀到一篇網上文章，腦內「叮」一聲震了震，因為，百分百正是自己退休後的發現！文章名《做一個快樂人是最好的貢獻》。

身邊人（兄弟、舊同學、同事及各類朋友）紛紛退

休，明顯，不快樂比快樂的多。當中，男的不快樂比女的不快樂更多。分享之下，發覺部分不快樂之因，乃是覺得自己對這個社會，再沒貢獻，即是「無用」了，欠缺存在價值，自然覺得不開心、不快樂。

這種想法，毫無積極性，亦不對，若當事人不早早由不必要的負面思維抽身而出，極容易自困思想籠牢，變成一個人人避之則吉的怨男怨女。那時，他不單自己不快樂，更會將這種負面情緒散播開去。

我百分百同意上述文章所指：做一個快樂的人，就是對社會的最好貢獻。

112

原因簡單，因為你快樂，就能給別人帶來快樂，看出去的世界也會處處美好。

情緒是有感染力的，當你的心情透亮如晴天，靠近你的人感受到的就是愉悅的氣場；而那種快樂的能量，正是你在無形之中送出的禮物。只有快樂的人才會讓別人感到快樂。也只有快樂的人才能創造光明的正氣世界。

成熟的人，飽經世故之後，必定理解，不是人人都需要名成利就的，也不是人人都需要完成甚麼偉大創舉，才算有意義的人生。

事實上，人人都可以對這個世界做出最好的貢獻，那就是做一個快樂的人。

當你需要為生活日捱夜捱，在職場這弱肉強食世界拼搏時，的確很難快樂。但是，退休後，已沒有上司、沒有下屬，更沒有競爭者了，那就專心做個快樂的人吧。先取悅自己，再同時照亮世界的一角，還有，輸出正能量，鼓舞其他人。這樣，就是你對世界的最大貢獻啊！

創造心靈快樂
——投資布施

早前，小弟與石鏡泉老師，攜手搞咗頓「極品花膠慈善宴」。參與者，多是石 SIR 粉絲及「慈善同學會」同學（也多是經濟日報讀者）。$3,888 一位（三千是善款，其餘是餐費），接受報名後幾小時內百多個位搶訂一空。

這一餐，為以照顧問題學童（單親、家庭破碎、被遺棄、情緒病、過度活躍症等……）為使命的「香港學生輔助會」籌款，令佢哋的新校舍「東灣莫羅瑞華學校」能購置基本設備（因政府只提供清水房）。這校的同學，若大家能幫得到，可能會變成一個個對社會有貢獻的人，反之可能變破壞分子。培育問題青少年，在乎一點心、一條線。

石老師早早決定不生下一代，但卻非常著緊香港下一代，故多年來與夫人石太太不停為「輔助會」奔走，出錢出力。

小弟搞的慈善聚會，其中一項特色是受惠機構必須派代表出席，講解機構理念、使命及善款用途。當晚，石鏡泉更道出為何捐錢外，更捐珍貴紅酒及極品花膠（全部價值不菲！），無他，問題青少年，救得一個得一個，善哉善哉。

晚宴有項 Value Added 項目，為石 SIR 及退休滙豐銀行大班劉智傑，講述未來的投資大勢。兩人皆發出忠告，警告大家切勿以為目前的股樓齊升會是永恆現象，其後極有機會爆煲，故此，揸咗貨作投資的，逢高減持可也。

劉智傑大師任職銀行高層時，相交的，皆富豪級人馬，見盡不少大生意人起起跌跌及富豪破產被銀行追數清盤，所以，對投資，有一種深層次體會：「各位，在座的多為已退休及接近退休人士，今晚願意出席的，皆很有福。施比受有福也。人生投資，我建議大家以石鏡泉為榜樣。我同佢識咗幾十年，睇住佢不停行善，愈行善，內心及資產愈富有。能夠幫人，自然大大欣慰。而佢一份善心，贏得所有人尊敬。人生就是如此，你有人緣，關係好，財富就會滾滾來。來之後，你又捐，令更多人得益，然後，又會出現

更大回報。得到的心靈快樂，是人類快樂中至高無上的。
所以，投資金錢得回金錢，只是低層次的市儈快樂。投資
報施，令別人溫暖，得回的快樂，乃最有意義的回報！」

劉大師一席話，石鏡泉面部泛紅微笑，全場則掌聲雷動！
退休或未退休的您，可會（或已）立即開展投資布施？

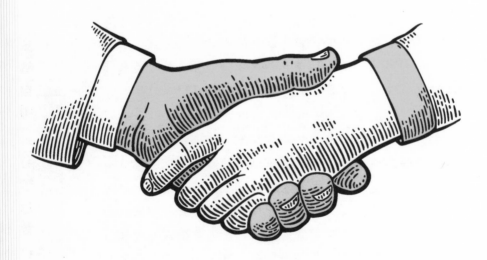

降低
三慾

退休，可以是很快樂，也可以是很空虛、很苦惱，問題在，你有否作長遠部署（經濟及心理）。經濟，應該人人明白，沒有突然掉下來的養老金或棺材本。一切，必須在有工作能力及有搵錢能力時作出規劃。定下大計後，就要非常有紀律地執行，切忌抱著「今朝有酒今朝醉」的心態，不負責任地胡亂花錢。記住，這世界，沒有人需對你的快樂、健康及經濟負責的。若種下自暴自棄的話，就要嚐透帶來的苦果。

這裡想講講快樂退休後的心理部署，必須降低三慾：發達慾、權力慾、英雄慾。

(一) 發達慾—退休後，不要夢想發達（要發，早發咗啦！），切忌誤以為做生意與發達有個等號（蝕本可能反而是！），記住，儲一千幾百萬退休老本可能要打一世工，但新丁在商場膽粗粗創業，一千幾百萬「學費」，只消幾天已可花光！此外，更不要進行任何高風險投資。因為，「高風險」等於蝕得快、蝕得多！沒有投資經紀會以你發達作為奮鬥目標，但以賺光你的佣金作「使命」的，則大有人在。所以，切勿誤信投資可令你發達。通常，跑贏通脹已是萬幸。愈急於發達者，十之八九愈快輸光，退休人士小心。

(二) 權力慾—沒有無緣無故出現的權力。一定要你先大量付出體力勞力智力，又或打生打死去爭奪。以上兩種途徑，皆非退休者應該做的，更何況，兩者皆會製造大量不快樂，包括壓力狂大、精神緊張、體力透支，甚至涉及爾虞我詐，你死我亡的手段。對，工作時，沒有權力，很難完成目標，故必須爭取。但退休後，最佳心理

118

狀態是與人為善、與世無爭，這樣，才會處處受歡迎。若再爭權奪利，則少不免處處樹敵，退休智者所不為也。

（三）英雄慾—尤其男性，十之八九有英雄感，不少日日夜夜都愛威、愛認叻、愛做勝利者。退休後，這種心態，能戒就盡戒。因為，人愛比較，你威，即有人唔威；你叻，也會有人唔叻；你勝利，即有人失敗！兼且，英雄通常要處身平凡人無法到達的艱苦境界，追求安逸晚年生活者，豈需要如此？為免被嘲笑英雄遲暮前，還是抽身而出，「轉跑線」去跑樂齡凡人組好了。

降低及放下三慾，人就自在、釋然，可在平靜中享受逸樂。

懷緬過去
開心相聚

「懷緬過去常陶醉，一半樂事一半令人流淚！」

對！人生有很多很多片段，的確是苦樂參半。退休後，一定要學習「Delete大法」，將不快樂的人、事及記憶，全部抹去，頭也不回。

記住，快樂自己雙手創造，唔願做或做唔到，SORRY，無人有義務幫你。如此，你只能繼續在負面思維泥沼上打滾，有意義嗎？

「Delete大法」，只要下決心，狠起心，一定得。小弟Delete負面人最絕，一概不見不覆，等對方知難而退。反正沒有公事瓜葛，私事自可選擇不再應

酬，拜拜！

Delete負面事及負面記憶，要徹底，任何可能引起不快回憶的聲帶、相片、剪報、網上及手機訊息，全部掃走，永不回望。

清理負面人、事、記憶後，就要開始主動組織與正面又快樂的人多聚會，可以是舊同學、同事、同業，也可以是完全新相識，人生價值觀念相近的朋友。要尋找快樂，一定要主動，無他，因大部分人皆屬被動分子，等佢地組織？「蛇都死」！

組織快樂聚會的「媒介」，一定是美食！誰會不喜歡？因此，我會用盡方法搜羅全港收費約每位五百元以下的出色食肆，與其東主、經理及大廚建立感情，然後，就一組又一組快樂朋友帶去欣賞（注意，不要用幫襯心態）其出品。

有美食，加上美酒，大家有默契不談負面人、負面事，不提負面記憶，這樣，多能杯酒言歡開心暢聚。當然，更會提及昔日的快樂人、快樂事及快樂記憶。我發覺，每次人

人都不願散席，因喜悅由內心而出。

如今，已有約五十間食肆，當小弟帶朋友前往時，就可欣賞到大廚的最高水準演出。

「懷緬過去」的飯聚老友有多組，包括：聖約瑟書院組、新法書院組、羅富國教育學院組、美國留學組、香港電台奮鬥組、為食敢死隊、傳媒老是佛、歡樂今宵幕後組、GA（Golden Age）同學組、曾氏兄弟姐妹組、麻甩佬組、慈善同學會。

最近，我將自己社交平台上的相，選擇了一個框框，上寫：「Keep Smiling! Do What You Love. Sorry, No Time For Hates!」

這個，正可代表自己追尋「快樂退休」的心聲！

一定要
健康

退休，要快樂，必先有健康，醫生只可替你診症醫病，不會替你「製造」健康。健康，必須由自己雙手創，無人有義務向你負責。

「製造」健康，要留意下列五點：

（一）留意「身體抗議」訊號──身體是部機器，切勿用到殘（退休後）才開始保養，最好是「新車」時開始做。此外，必須要留意「機器」發出的「抗議」訊號。藝人劉錫賢正正曾忽視「身體抗議」而幾乎掉命。身體這部「機器」，若出現身心過度受壓，會有很多訊號，例如血壓及膽固醇飆升、暈眩、驚慌、失眠、呼吸不暢順、心跳加劇、血難上腦、皮膚感

染、容易感冒⋯⋯因為你的過勞已將「機器」的運作能力推到極限，令免疫系統受損，精神系統崩潰，所以精神及生理問題同時爆發。

我點知？因全部經歷過。早年小弟屬工作狂，長期忽視「身體抗議」而倒下。幸而仍有時間慢慢逐件零件調校慢慢解決，終於重拾快樂生活。

(二) 拒絕不快樂——人有自由意志，可以自由選擇一切（當然有取就有捨！）尤其退休後，若早早部署好「財務自由」（無須再為生活奔波），就一定要下決心，只見喜歡見的人，只做喜歡做的事，只看美麗的景像。我的習慣，將一切不快樂的人、不快樂的事及不快樂的畫面，全部DELETE，拜拜，但願永不相逢。

(三) 運動、唱歌、跳舞——運動能產生「快樂賀爾蒙」及促進筋骨靈活血液循環外，最重要能令你的身體出汗。出汗，一如大小二便，暢通與否，對身體健康極重要，因為排汗就是

124

排毒，細胞自行將血液來一次清潔大行動。跳舞可以是運動，也令你出汗排毒，屬最佳的嗜好。若能邊跳邊唱，更可令心靈愉快，如此，體內的快樂細胞就會滋長，強化免疫系統。記住，身心快樂最能驅除病魔。

(四) 多休息、多喝水—欠缺睡眠的人多不快樂，因煩燥不安。身體這部「機器」，需要按時休息、唧油及維修。睡眠正是令全部器官得到適當保養。所以，切勿習慣性過勞，否則，人會不快樂外，你的「機器」壽命更會大大縮短。

(五) 行善積德—有能力又肯幫助別人者必定快樂。見到別人因你的善行而改善人生，這種快樂，會深入內心深處，為自己健康打下堅實基礎！

生活自由　心靈也要自由

調整
心態

退休，對很多男性打工族來說，乃一個心理大震盪、大衝擊。因突然間無咗名銜、無咗權力、無咗豐厚月薪、無咗責任、無咗寄托：最弊，無咗個俾人欣賞、羨慕及妒忌的舞台。一切一切，就會在踏入60歲那一秒消失。這種震盪，經歷過才有領會。

不過，正是喊都無謂，反正人人經歷皆如此，一於硬食！然後，調整心態再上路。小弟有幾點經驗，可與男性退休者分享！

（一）Back To Basic一學習享受簡單生活。上班服不用再穿，可天天棉質T恤、方便褲、波鞋走天涯，舒服。車，愈舊愈好，無須靠佢話俾全世界知「我

有幾成功」（純虛榮心！）。揸舊車，不怕俾人刮花甚至撞，連鎖都費事，安心。總之，放棄任何炫耀之心，因層次太低了。

（二）不妒忌、不認叻、不比較—與老朋友、舊同學、舊同事相聚，切忌擺出個「我好掂」款。人生行了幾十年，應了解人性及相交之道。別人有成就，誠心鼓鼓掌。自己有成就，無須放嘴邊。還有，人生路各有不同際遇，退休後應將一切權位利慾之心放下，反璞歸真，大家相聚，純享受友誼，戒絕比較心態。

（三）勿做辯論隊隊長—男性愛認叻，愛做英雄，乃天生的。但一個團體內，若人人認叻，人人搶做英雄，就會出現鬥爭、矛盾。中學及大學時，鼓勵辯論，因刺激思考。職場上天天辯論，因為爭奪資源，表現自己，謀取升職加薪。退休後，必須戒戒戒。因為，辯論傷和氣，就算勝出也不會贏到對方的心。所以，任何聚會中，切忌爭拗，尤甚避免觸及政治（我對你錯）、宗教（我真你假）、搵錢（我醒你渣）幾大「關係地雷陣」。相信，人人皆經歷過，凡觸及上述話題，就可能出現不歡而散場面。

(四) 欣賞萬物—放下心高氣傲，放下「我至叻」心態，以謙卑的心，欣賞周圍的人、事、物自會發覺，原來這個社會，喜悅的事比苦惱的多（與報章所睇到的相反），好人總比壞人多（否則社會早已淪陷！），美麗的景物總比醜陋的多（到郊野公園及海灘感受下吧！）

退休後，應培養一份閒逸之心看世界。最重要，理解美與醜，原來，只是觀點與角度問題！

快樂退休
應多做的……

從不知網上平台有何威力，結果，撰寫專欄幾個月後已被出版商盯中，游說出版新書《快樂退休》。著作面世後獲頒《金閱獎2017》，因相當暢銷。繼而，各大社團、學校及上市公司，紛紛邀約演講，包括大中小學、社區服務中心、郵輪公司、潮州商會、政府部門、上市地產及公用服務機構……所有的演化，就由撰寫專欄開始，過程只用了一年多的時間，你說是否很神奇？事實，香港有三百萬人準備或已經退休，哪個不希望快樂？所以，小弟就變了長寫長有。出版社後來又找我，所以出現了大家手上的這本書。

生活自由　心靈也要自由

一開咗《快樂退休》呢個品牌，我真思潮如泉湧，藉此，又講講退休後快樂親身經驗：

(一) 多吃懷舊菜—人，是懷舊的動物，天天如此，當然不好，但久不久老朋友相聚，走入時光隧道，不亦快哉。最美妙，是大家歡歡兒時的懷舊菜，例如來一煲已消失的「麻煩湯」（洗料洗到頭暈）昆布海草生熟地水牛皮煲豬蹄，又或蜜汁雞肝拼鍋貼帶子夾（膽固醇友得個恨字）。一啖啖美食入口，大家人人減五十歲，一齊講「舊時點點點」，重回青葱歲月。

(二) 開拓新朋友群—舊有的關係，多數來自親戚、同學及同事，少不免夾雜了點點人性負面元素：恩怨情仇、比較、妒忌……故無須經常見面，以免產生磨擦。最理想，多點開拓新的朋友組別，共享同等的價值觀，加上，沒有以前關係的包袱，大家可以反璞歸真，在毫無利益及權力瓜葛下享受較單純的友誼。

(三) 毫無保留傳承經驗—雁過留聲。若要人生黃昏階段有意義，就應毫無保留把自己的一切經驗及知識，百分百傳開，尤其給下代。絕對不要秉承上輩的自私陋習，將最重要的一招帶到墳墓去。能夠一切散盡才變塵土，令所有人

得益，才會不枉此生，得到終極的快樂。

（四） 多旅行，做傻事——由退休到手腳不靈，通常有十多年的光景，一定要把握時間多看看世界，感受一下以前從未有機會接觸的人、事、物。總之，凡美麗的，就要爭取接近。另外，退休前，很多角色、形象及身分包袱，退休後宜速速放下，做點傻事。這樣，才能放鬆內心深層，延年益壽。

快樂的退休旅行守則

捱足幾十年退休，一定要趁「行得走得食得睇得」去旅行。不過，到咁嘅年紀，旅行當然不能貪便宜，搵啲「999食到嘔」，又或「八日行十個國家」這類自我虐待團。小弟如今帶著三百位「慈善同學」，個個月去旅行，愈玩愈開心，因預先定下七大快樂旅行先決條件：

（一） 不飛超過5小時——飛機，就似「空中監倉」，困在椅上動彈不得，頗為難受。這種肉體折磨，只限5小時內。打開地圖一看，已有全亞洲可到，夠了夠了。否則，來回Jetlag五日，浪費時間傷身傷神。

生活自由　心靈也要自由

(二) 一定要有美食─旅行中最高潮必定為晚餐，一定不食趕頭趕命廉價旅行團餐。開幾支紅酒，老友談天説地加美食，歎兩至三小時，建立感情又享受人生。

(三) 做點傻事─人在外，可以放鬆調皮一點。做些香港不會做的事，例如走在寂靜街道上放聲高唱勁舞。又或，試用湯匙「隊」茅台。

(四) 行程只作參考─切忌硬要死跟預先寫下的行程，看天氣，看心情，看氣氛而變。最重要開心舒適，千祈不要為求「著數」硬要去足所有景點。我們這年紀，還有甚麼沒看過？

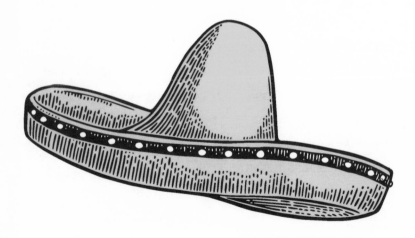

（五） 參觀一般旅行團不能到的地方——大家生活幾十年，加埋必有四通八達關係網。旅行，可先靠人脈尋找一些別人去不到的地方。例如，認識香港潮州商會重量級人物，就試試安排到汕頭看李嘉誠的BB：廣東以色列理工學院吧。

（六） 嚴禁衝突話題——旅行為要開心，不是來辯論或爭拗。所以，應約法三章，不談論政治、不宣揚宗教、不研究搵錢（政治、宗教、金錢乃自古至今人與人、國與國開戰原因），以免壞心情、壞氣氛，或變了市儈交流會。

（七） 控制團友質素——一般參加旅行團者，皆滿是顧客心態，沿途不停挑挑剔剔，又或死計爛計抵唔抵。最壞是粗言穢語上車搶位食飯爭先，這類禮貌及教養皆「低端」的人，一定要排除，讓佢哋自組「佔便宜團」可也。

以上七點做到的話，一個快樂退休旅行團的重要元素已有齊。我的旅行團，加多一項，就是每次出發，都為一間扶助老弱傷殘的慈善機構作籌款，這樣，人人就懷著施比受更有福的心態外遊，怎會不愉快充實呢？

退休移民
最佳選擇

香港人，十之七八曾經移民，又或有移民念頭。我是過來人，對朋友的忠告：切勿衝動連根拔。最佳方法，先「同居」！意即，先到目標城市，選擇最惡劣天氣的季節住三個月，真真正正考驗自己對當地的「愛」，肯定後再「結婚」。

走遍美加澳及中國所有城市，小弟得出的結論，退休港人最理想的移民城市，是大台中。

過去，我走遍台中市、彰化、苗栗、南投，充分體驗大台中生活形態，其後更出版了《肥碌食住遊台中》。親身經歷，肯定這裡是移民首選之地，尤其適合香港退休人士。優勢包括：

(一) 近香港——只飛一小時多，班機頻密，機票廉直，恍似住在珠三角般方便。

(二) 語言無障礙——同文字同種族同語言，用繁體字。

(三) 資訊自由——不似在內地般受資訊限制，一上網，即可搭通全世界。

(四) 民主法治——香港人重視的民主、自由、人權、法治，台灣基本上有齊。

(五) 位置優勢——地理方面，台中因處台灣中心，無論到台北、台南或台東，皆可一小時高鐵抵達，一小時高鐵圈令台中人可充分享受台灣的一切。

(六) 安全——沒有恐襲危機。兼且，台中有一個天然屏障：中央山脈，既可阻擋從太平洋來襲的颱風，同時，山脈壓著地殼，吸收太平洋板塊地震的力度。全年氣候怡人，不會過冷或過熱。

(七) 醫療優勢——公共醫療收費不單廉宜，兼且質素高，任何檢查排期皆遠比香港快。

(八) 生活廉宜—香港人捱得最傷的是樓價。在台中，一個八百呎三房兩廳連車位的優質大廈單位，只二百多萬港元。此外，衣食交通，全部只約香港消費水平的一半。

(九) 生活享受—愛好文化藝術者必大樂，因有台中國家歌劇院全年提供頂尖演出。愛大自然者則有無盡優美高山可欣賞。

最重要，移民台灣，香港人大部分皆可負擔得到。因只要投資六百萬台幣（港幣一百五十萬元），哈哈，只不過是一個車位的價錢，就可申請。兩個月內批出居留證，住足兩年，就可正式申請護照，成為台灣人，享受一切福利！

5 身心健康
背後有動力

重溫
「阿媽係女人」道理

活到大半世，成熟而理性的人，多會心微笑，笑乜？笑原來人生所有道理，在小學時，諺語書已有齊。只不過，當時白紙一張成嚿雲款，欠缺經歷，所以毫無感覺。

好了，行了數十年人生，回頭一望，咦，乜原來所有小學教過的道理，一一在生命中嚐透。苦也好、甜也好，這就是永恆不變的人生。

基於過去一年不停演講，與準備或已退休一族，分享追求「快樂退休」的體驗。寫講詞時發覺，原來自己及不少作家，就人生所講的，幾乎全部是小學時代曾學過的「阿媽係女人」道理。不過，人生行到不

同階段，就有不同感受、不同共鳴。

三十、四十、五十及六十歲，每個階段都有不同的體會，如人飲水，冷暖自知。

早前與一群小學同學聚會，一轉眼，大家已到六十五歲左右，人人頭髮斑白，已退休，不少已是阿公或阿爺，說起童年，說起人生，個個百般滋味在心頭。小弟酒過三巡之後，拿出幾張演講用的要點朗讀，出奇地，呢班昔日的包拗頸，竟人人認同微笑附和，包括：

(1) 人生——總有放不下的牽掛，經歷不完的甜酸苦辣，走不完的坎坷，越不過的無奈。人人際遇相若，最重要，大家卻不知道消失在哪天。既然如此，還有甚麼執着？最快樂明智的生活態度是隨性而往，隨遇而安，一切隨緣。

(2) 與人交往——大家都有缺點，所以彼此包容一點；大家都有優點，所以彼此欣賞一點；大家都有個性，所以彼此謙讓一點；大家都有差異，所以彼此接納一點；大家都有傷心，所以彼此安慰一點；大家都有快樂，所以彼此分享一點。有緣相識，就請珍惜！

(3) 與人相處—有利時，不要不讓人；有理時，不要不饒人；有能時，不要嘲笑人。太精明遭人厭；太挑剔遭人嫌；太驕傲遭人棄。

(4) 活在中庸—想的太多，容易煩惱；在乎太多，容易困擾；追求太多，容易累倒。

(5) 明白事理—沒有絕對的傻瓜，只有願為你裝蒜的人；原諒你的人，是因不願失去你；真誠才能永相守，珍惜才配長擁有。

(6) 盡享緣分—趁大家還活着，戰友、同學、朋友、同事、親人……能相聚就不要錯過；能愛的時候就認真愛；能牽手的時候就不放開；能玩能吃的時候，就盡情享受吧！

分享問WHY的
樂趣

退休，尤其男性，一定要搭個新舞台給自己表演，做到曾淵滄教授境界—不退不休。

由Ａ舞台退休，不要坐著等運到，快快轉跑道，跳上新舞台。只要肯用心深入鑽研一項自己有興趣的活動，必定能夠排眾而出。

基於各人天分不同，請各自計劃人生下半場。

小弟天性對周遭事物好奇，所以，從事傳媒行業如魚得水，不停訪問呢個嗰個，再作報導。又或，不停吸收各方資訊，消化後，作出分析，為聽眾及讀者帶來新視野。

幾十年傳媒生涯，訓練到我每事質疑每事問，由問開始，再積極尋找答案，整個過程，令自己進入一個浩瀚的認知領域，再加以獨立思考，即會見到別人見不到的一個新境界，樂趣無窮。小弟很希望將這種樂趣與人分享，故近幾年頻頻接受邀約演講，尤以對年青人為主，正要傳遞一種心態—Don't Take It For Granted, Always Ask Why。原來，對世事不停問點解，就如打開了一個「知識世外桃源」大門，妙極。

上周又到沙田香港專業教育學院，面對六百位準幼兒教師演講，但見位位清純友善，不停閃出求知的眼神。我心諗：「若在座有一半被我啟發，進入教育界後又能啟發萬千學生的話，這就形成一股推動大家思考，社會進步的力量。」

整個演講，我盡量不單方面灌輸，只要求大家不停思考，由國際問題到中國問題再到香港問題，希望同學積極尋找答案，再作分析。

國際：（一）為何美國會有那麼多敵人？（二）為何美國校園不停發生災難性槍擊，但仍無法制止？（三）為何槍擊事件行兇者，幾乎全是白人？若兇手是其他種族人，例如黑人、華人或中東人，美國社會的反應，會是一樣的嗎？

142

中國：（一）為何中國認為永遠由一個黨執政而沒有制衡最好？有道理嗎？（二）為何中國甘冒惡名而將諾貝爾和平獎得主劉曉波監禁？動機是甚麼？（三）中國經濟發展進度驚人，歷史上罕見，憑甚麼？（四）為何中國正走向獨裁政制但反對聲音不大？

香港：（一）香港為何庫房水浸，但市民仍多不覺得開心？（二）香港有大量閒置土地，為何仍有數十萬人居住條件極惡劣，被逼在劏房籠屋及街頭過活？（三）香港的貧富懸殊，為何如此深化？（四）為何全民就業情況下，基層打工仔的工資未見明顯上升？

刺激思考，是我演講目標，散會後發覺，人人露出精靈眼神！

身心健康 背後有動力

忘記「足球」
專注「籃球」

雖然離開咪前、離開廣播道、離開香港電台已四年，但是，仍然不停有人問：「喂喂阿碌，你對《晨光第一線》有乜睇法？你對香港電台呢幾年運作意見如何？你究竟仲有無聽電台呢？

每次，小弟都似人肉錄音機答：「幼承庭訓，離開了一個工作崗位，就不應對接手者説三道四。所以我不會對今天《晨光第一線》發表任何看法，這有違專業道德，亦不公平。同理，離開了香港電台的管理角色，就完了，讓接班人表現好了，絕不應公開批評。是的，我對香港電台及廣播業有深厚感情，但只永藏心中，因為，我已離開『足球圈』、改打『籃球』了！」

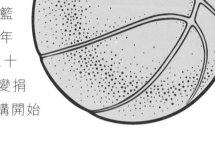

「足球」，就是電台工作。離開了，就應告一段落，立即抽離，盡快忘記昔日的「威水史」（若有的話）。改而全盤投入專注打「籃球」。「籃球」，正是我過去四年組織的「慈善同學會」，由三十人變三百人，由捐三萬開始變捐三百萬，由捐贈一間慈善機構開始到希望很快就捐到一百間。

我的「籃球」事業，為身邊所有人帶來快樂，遠勝踢「足球」的滿足感。

忘記過去，專注現在，尤其對退休高官重要，當中，對紀律部隊的阿Sir更重要。

試過N次與不同部門退休高層談話，絕大部分，仍然「懷緬過去常陶醉，一半樂事一半令人流淚……」，尤其昔日同袍見面，多唉聲嘆氣指出今天揸Fit者的這樣那樣唔掂，而自己舊時就幾威風。這種對話這種心態，久不久作自戀情緒發洩並無不可，若年年月月日日仍眷戀「噏屎」，必定變咗囉囉嗦嗦的「老男人」，身邊人漸漸遠離，自己日比日

OUT。事實，無論做阿 Sir 昔日幾威風，仍絕不可能回到從前崗位再展才能，最佳心態處理，是盡快將「足球」忘記，全情投入學打「籃球」！

現今六十歲的精壯退休者，尤其曾任高層的，必定有豐富人脈、經驗、專長，可以開展另一個「籃球舞台」。首先，要心理上完全從「足球」抽身，再找機會結識大群積極的「快樂退休人」，互相傳遞正能量，自然，慢慢就會組織到不同的「籃球賽」可以專注。例如求學、教學、行善、興趣小組、義工……等等人生，只要放棄頻頻回首而集中精神向前望，必定多姿多彩到似在山陰道上！

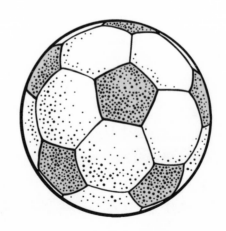

退休火速學：
欣賞人

欣賞人？使乜學呀？

錯錯錯，原來，大部分人皆不懂欣賞別人，尤其退休前！因為，負面人性，充滿妒忌、小氣、貪心、見高拜見低踩、憎人富貴厭人貧、自大、自卑、記仇……所以，在職場工作時，面對公司內同事及公司外的競爭對手優秀表現，絕少有胸襟、有氣度去接受，更遑論由衷欣賞了。

更多時，亦會身不由己。舉例，我以前坐在香港電台內部會議，面對各級同事，包括上司及下屬，能否真誠公開欣賞商台的節目給主持人呢？難難難！因客觀主觀兩方面，在座者皆不會接受。表揚競爭

對手，不單沒人覺得你大方公正，反之，輕則會被視為「長他人志氣，滅自己威風」，重則被懷疑「通奸賣國」，覺得你有跳槽意欲。

當然，在商台會議中，氣氛也如是。

所以，現實上，打工時，不能公開胡亂欣賞別人，尤其競爭對手及與自己利益有關的人，手尾長兼會引起誤會也。

昔日，我與商台高層楊振耀及蔡東豪識英雄重英雄，友誼亦只能在極低調情況下建立，以免引起兩台大元帥吳錫輝及俞錚猜疑，以為在「通敵」也。

不過，退休後，就解除束縛了。我喜歡欣賞誰就欣賞誰（除了女性，無謂引起老婆大人誤會！）尤其其他廣播人，包括商台的，也可公開坦坦白白讚揚了。

願意欣賞人，是高尚情操。而被欣賞，更是一項榮耀，遠勝單單賺取報酬及被讚美，

因為，層次根本不同！欣賞人，必須由心而出，這是快樂的感覺。被欣賞呢，則是遇到知音，何其 Amazing？事實上，於現實及網上揶揄、批評、責罵、挑剔、嘲諷……別人的人，總比較多，負面情緒瀰漫！

小弟退休後，不停學習欣賞人，發覺，得到的回報，非常出乎意料之外。你肯欣賞人，自然被欣賞者願意與你交朋友，不止，為免令你失望，行為舉止在與你相處時，亦會升上一個更有禮貌及修為的層次，Win Win 立時出現。

小弟欣賞人的最驚喜效果，是全港不少大廚，皆與我成為朋友，部分更有相逢恨晚之感。就這樣，我的家人及朋友就有口福了。欣賞人，我不會私下講，更會發之為文登在專欄，令對方的舊同學、家人及朋友也受牽動，化學作用擴大的呀！

退休大動力：
唔衰得

不知是實至名歸或是爆大冷，小弟拙作《快樂退休》竟被公眾選為「香港金閱2017」的《最佳生活百科書》，令小弟一則以喜，一則以憂，憂乜？憂被柴台也。因若日後的文章未能做到名實相符，肯定被噓爆！

《快樂退休》這書的出版，一切來自專欄。因拍檔羅國森代「經濟通」作出邀約寫一個以退休為主題的專欄。肯定，老編已看到退休族群是一個大藍海，潛質深不可測。

我退休後，見到身邊老友退休後種種狀況，而自己又有一套看法，於是，毅然答應執筆上陣。

小弟多年來有一項堅持、一項紀律，就是，凡承諾去做的，必定瞓身做到最好。正正因此，在傳媒圈也略有少成。亦正正由於這種心態，凡事拼盡，結果弄至精神先而緊張繼而崩潰，因一大段時間電視、電台幕前及幕後行政管理一腳踢，誤以為自己不單是鐵人，更是超人。就這樣，腎上腺素很快扯乾，出現魂不附體感覺，原來，正是抑鬱症爆發。

大病一場後，唔衰得性格及堅持如舊，只是，不再接能力以外的責任了。

説來，唔衰得最大好處，是將自己由無知變「專家」（其實可能半桶水）。例如，若非承諾在此寫退休心得，我就不會認真思考、面對、閱讀有關退休的一切，只會懶懶閒過日子。可是，成為退休專欄作者後，就必須每期皆有料到，才不負老編及讀者期望，怎不加倍努力？努力，必有回報，立即有出版商看到內容，覺得有市場，於是，邀約結集出版。既有人投資「畀面」，就更加唔衰得，寫呀寫，寫出個「金閱獎」來。

加入
快樂無齡族

N年之前，老友劉智傑（滙豐銀行第一任華人大班）退休，晚飯時，發覺佢手腕並沒戴錶，於是問：「劉大師，做乜唔用手錶？」

「阿硃，戴錶，就只因生活要受時間束縛，準時做這做那。打滙豐工時，責任在身，當然要！但退休了，我就回歸一種「無時間感」，意即，不由時間指揮做乜，而是只聽天然呼喚去過生活，如此，才可達到與大自然結合，人就會鬆弛、快樂、健康呀！任何動物，生下來皆順天而活，不會戴錶的呀！」

甚麼是順自然而活？就是要瞓就瞓，要醒就醒，要食就食，要屙就屙，依循生理呼喚而做。

想起劉大師，因為希望與大家分享，人的最高境界，除了順自然而活外，更重要，不被一個數字束縛—年齡。劉大師退休後不再戴錶記掛時間，我呢，認為同時應做的，是進入無齡心態，不再因年齡而活。

大部分人都很著緊自己幾歲，於是，普遍形成一種莫須有的心態：幾歲就應該做乜。這樣，由童年開始，就活在年齡枷鎖中。譬如幾多歲應該完成小學、中學、大學，讀碩士博士。幾多歲應該拍拖結婚生仔，幾多歲應該買車買樓月入多少，幾多歲應該在社會梯階爬到甚麼位置……，人是否為年齡而活？快樂嗎？

若閣下被年齡「指定」生活形態，例如，幾多歲就應該著乜、諗乜、講乜、做乜、揸乜（車）、食乜、飲乜，還有甚麼自由、甚麼人生樂趣？做唔到咪好無癮？

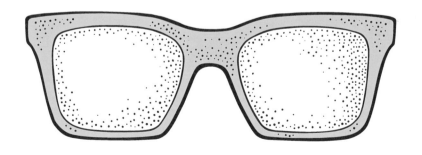

六十歲就開始要穿成阿叔阿嬸模樣？誰説的？任何人，一旦進入乜乜年紀就要乜乜狀態，很易變成暮氣沉沉，或慌失失，對新事物毫無興趣，甚至未老先衰，「衣垮身懈」接踵而來，古稀垂暮感覺自己一手製造。

我呢，愈來愈覺得「無齡感」好正，心中無齡，自然變咗大解放，繼而衣著無齡、飲食無齡、玩樂無齡、旅遊無齡、嗜好無齡……，最後，心理改變生理，可能最終連面貌也日漸無齡！這種無拘無束感受，不是大家夢寐以求，一生想追尋的嗎？

就由自己切實執行好了，因為，要做快樂無齡人，百分百不能靠人。不過，物以類聚，若能有個同聲同氣群組，齊齊加強無齡感。

附註：想加入「慈善同學會」，做個「快樂無齡族」？電郵給我介紹自己可也，地址：luketsang108@gmail.com

退休不可
沒朋友

上周，舊同學肥L小小緊張約見，因佢有位老友，本任警隊中高層，退休後，性情突變，拒絕見人，不知如何處理。其實，這現象在中高層紀律部隊中，相當常見。因為幾乎全部人一生青春只做執法工作，日日畀人Sir前Sir後，具有威武感。兼且，人工不錯，出入各種社交場合都頗有江湖地位，長期處於Feel Good狀態。只是，上述有利因素，會在退休那一秒鐘，恍似「叮」一聲全部消失。沒有了公家權力；沒有了下屬向你敬禮；沒有了豐厚的月薪（只有原薪三至五成每月退休長俸）；更甚，當你有身分及權力時，江湖各方人物必定畀面；沒有了身分後，幾乎當然如此一人人當你透明！

加加埋埋，就似一個內在的文化震盪（Internal Cultural Shock），當事人完全不懂怎樣面對。

其實，要退休快樂，不能等天下來，必須早早部署。幾項重要因素缺一不可：（一）身心健康；（二）安全感的財富；（三）良好家庭關係；（四）活下去的意義；（五）享受的嗜好；（六）朋友。

今日只講第六項─朋友。聽過不少退休高官呻：「唉，人走茶涼，世態炎涼，所有在職時的友情或稱兄道弟都是假的，一旦無權，友情立即蒸發，全部掛假面具做人！」

佢所講的，只是對了一半！通常，為禮貌，我不會當面駁斥。事實，聽過N位退休高官及大集團高層講過近似説話。不過，回帶一睇，發覺，其實佢哋每一位在位時，皆只享用權力帶來的「感情」，而沒有誠心誠意種「真感情」。

任何人，當呻沒有朋友時，我發覺，次次中，就是此君本身根本不是一個好朋友。若你自己不是一個好朋友，又那會有朋友呢？請問！

人是感情的動物，也是社交的動物，無論身在何方，都需要朋友。人人都有選擇朋友的自由，正常情況下，當然會選友善誠懇、品格正面、樂於助人、有義氣、快樂有趣、大方得體、願意「蝕底」服務他人、充滿愛心……。

若你具備以上條件，在朋友世界，必定十分搶手，只有你揀人，因有條長龍排隊希望與你做朋友！記住，以上全部與是否有權、是否富有無關。所以，當一個人呻無權無錢後就無朋友時，必須反省自己，是否從來不是一個好朋友！

退休
驚恐症

2001年之前，驚恐症（Panic Disorder）這個精神情緒病名詞，並未在香港有普及認知，直至我挺身而出做「人辦」，聯同中文大學香港健康情緒中心的精神科醫生李誠教授及臨牀心理學家郭碧珊開記者招待會，以患者身分介紹這種令人高度不安的病症，經電視電台及報章報導後，「驚恐症」就似乎平地一聲雷，人人由無知到認知，原來你我他身邊，皆有朋友患上不同種類的驚恐症。

當你處身某種情況時即會高度不安，呼吸失調，血往上衝或不能上衝，心跳急劇，想高聲求救，為的就是希望盡快逃離這種境況時，你就是有這境況的驚恐症。包括：社交、密室、高空、隧道、水底、

面對上司、咪高峰、舞台⋯⋯。通常，病情不重的，只要
儘量避免上述情況已可減輕病發。但是，嚴重的，則要靠
藥物治療。

近年，我發覺不少同齡男性朋友患上「退休驚恐症」，多
數本屬位高權重，全部早早生活沒問題，所以，經濟並非
他們驚恐來源。那是甚麼呢？正是因種種失落而產生的恐
懼。退休後，失落權力、失落四周人（尤其下屬及利害掛勾
人士）的尊重、失落成就感、失落表演舞台、失落被需要感
覺⋯⋯種種失落中，最嚴重是失落存在下去的意思。加加埋
埋，非常恐怖，因早上一見太陽升起，就知道要在種種失落
之下，捱至日落，再至夜深，這種日子，真的度日如年。

通常患上「退休驚恐症」者，多數是工作狂，長年以工作麻
醉自己，所以，未到退休一天，仍「奮力工作」，潛意識拒
絕認知、分析、準備退休後必須面對的一切。結果，退休
鐘聲一響，上述「失落」全部湧現，霎時間面對極大震撼，
慢慢變成鬱結，無法接受，再變害怕驚恐。

如何面對？四句四字真言——接受現實，學會放手，自搭
舞台，要被需要。

頭兩項，應很易明，因退休後，權力及職位帶來的關係，必須Let Go。自建舞台，就是你的「表演場地」，天生我材，你總會有某些過人之處可以表演的，專注投入吧。要被需要，舉例，以前有位世伯，每天都去探監，探沒人理會的囚犯，風雨不改，因他有強烈的「被需要」感覺。

存在的意義不在別人賦予，貴在自己尋找，有了意義，即有活下去的充實感覺。

退休男人的
痛楚

小弟在專欄專攻退休分析已好一段日子，寫下寫下，寫出個「退休專家」形象，更四出講TALK，分享快樂退休心得。講座通常開始時是單向，我講，聽眾吸收。之後，總會變雙向，聽眾問或講感受，再由我答及分析。

發覺，退休後的男人，心態轉變尤大，若不好好以理性加感性去處理，必定陷入不快人生。當男人不快時，身邊的女人，自然亦會不快，再擴散出去，便成一個「不快樂循環」，很弊。

不快原因，千奇百怪，舉兩個例子：

(一) Ａ先生夫婦，屬中產人士，長年公一份婆一份，各有各忙，但到晚上共餐時，極享受相處時光，開一瓶紅酒，互訴辦公室怪現象，樂也融融。前年，Ａ先生60歲，大機構規定退休，沒選擇下，被逼「享福」，經濟上絕沒問題，問題在如何過日子？Ａ先生本屬開朗自信的人，未退休前，工作成就感極大，覺得自己很有能力，很自信，亦受到老婆一定的傾慕。不過……，退休後，問題開始浮現。太太因只53歲，未屆退休年齡，每天仍要忙於工作開會社交，百分百事業女性也。每天，當老公無所事事，老婆則忙到失暈，Ａ先生的心態，開始變異，由開朗變抑鬱，由大方變小器，不停對太太在外間的活動胡思亂想，想到牛角尖時，兩夫婦關係當然惡化，家無寧日。

（二）B先生乃勤勤懇懇公務員，太太乃家庭主婦。每朝早餐後，B先生返政府總部開工，太太就開始做家務，抹屋洗衫買餸煮飯⋯⋯。每晚，B太準備美味晚餐等B先生回家撐枱腳。之後，B先生看新聞，B太太洗碗，每日如是，兩口子非常快樂安逸。好了，60歲，日子又到了，B先生必須退休，有長糧，經濟亦沒問題，捱了30多年，樂得清閒，亦深感每天由太太擔起N種家務不公平，於是，退休第一天，即向太太講：「老婆，今天起，你可以悠悠閒閒享受嘞，我決定幫你揳起所有洗衫抹屋買餸煮飯洗碗工作⋯⋯，你服侍咗我30幾年，呢啲House Work，我做得嘞。」豈料，老婆大人自佢接手家務後，心情一日比一日惡劣，頻頻發脾氣鬧情緒，又搞到家嘈屋閉，此乃B先生始料不及的。

以上兩個案，為何如此，如何應付，下回分解。

五十、
六十、七十

離開公務員行列，整個人輕鬆了，時間多了，壓力
少了。哈，如此，整個生理系統的變化，就是免疫
能力高了，自然，病也少了。昔日在職時長時間處
於緊張狀態而弄出的高血壓、抑鬱症、皮膚病、腸
胃病……全部似體內妖魔被鎖回鐵箱，整日受控。
但是，我知道這群「妖魔」，隨時蠢蠢欲動，若我
重新亂拼亂幹不愛惜身體，鐵箱的鎖就會被毀，到
時，「妖魔」必再肆虐。

時間多了，可以重讀中學時的書本，發覺，當時朗
朗上口而不求甚解的道理，經過幾十年人生體驗，
讀之別有一番滋味。

例如，孔子曰：「五十而知天命，六十而耳順，七十而從心所欲。」

意即，人到半百（當年半百已是老翁，等上天堂！）體力大不如前，理應知道天命難違，各人稟賦不同，各有天。所以，人生中有些事不能亦不必強求，要安然認命。何其精準？五十歲時應知，世事夾硬來，無論感情或事業，不會成功亦不會有好結果，純粹浪費時間製造悲劇。

六十而耳順呢？我又過了。所以，亦有體會。小弟長期從事傳媒咪前或幕前工作，曝光率不少，累積不少擁護者之餘，自然亦因這樣那樣原因（例如開咪批評政客及看不過眼的人和事），種下不少「敵人」，甚或，單單對我「唔順眼」之人，亦不會少，多數有機會就作出反擊及攻擊，小弟素來視之為正常現象，不會亦不能介懷。

試過，接受周刊記者訪問，對方刻意尖酸及挑釁：「曾智華，你有不少粉絲，同時亦有不少人對你頗有意見，知嗎？」

「當然知，像我這種性格、形象及工作NATURE的人，做到目前位置，若無三五百支箭插在背後，不太可能吧？尤其

如今網上人人可化身隱名胡亂批評、放箭、詆毀、誹謗。
做得曝光人物就要食『全餐』，即好的吞，不好的也要吞，
世情就是如此呀！」

六十歲後，被人窒兩句，認真濕濕碎，必須當耳邊風，
聲吞咗佢。我的做法，是覺得背後被人「插」，十分正常，
此乃做知名人士的「附送禮物」，必須欣然接受。有了這種
心態，再難聽的説話也會不覺不順耳了。

這正是孔子説的「六十而耳順」！

下一步人生，就昇華到七十而從心所欲了。

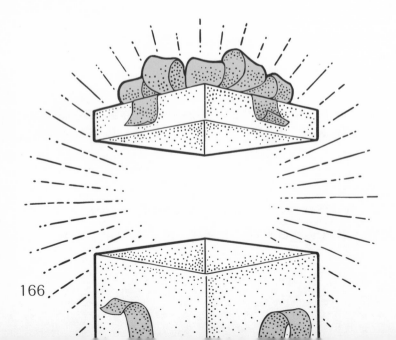

不快樂退休
危害健康

小弟一直寫快樂退休，事實，我亦希望以此為志，令到更多準備或已經退休者快樂。但是，快樂不能靠別人給予，必須自己雙手創，所以，當你知道怎樣才會快樂，就要身體力行去多做。而快樂，亦會令人健康，因為開朗、積極、平和、寬容的人特別多「快樂細胞」（Physical Elite），這種細胞愈多，免疫能力愈強！

小弟為退休公務員，所以對身邊的前同事及其他職系退休人士，尤其中高級者特別多接觸及觀察。發覺，普遍來說，女性高級公務員退休，多會容光煥發，社交頻頻。基於此，健康特別好。女性普遍沒有英雄感或權力慾，愛威需要不大，所以不會與身

邊人有強大競爭感覺，故特別容易互相溝通及組織各類群體活動，例如旅行、跳舞、瑜珈、唱歌、美容、義工……更多是交換消費情報，所有種種，皆令人快樂。快樂時，大腦就會分泌多巴胺等「益性激素」。「益性激素」讓人心緒放鬆，產生愉快感覺，這種身心都很舒服的良好狀態，能使人體各機能互相協調、平衡，故會促進健康。常常如此，疾病怎會不遠離而長壽？（女性平均壽命接近九十歲！）

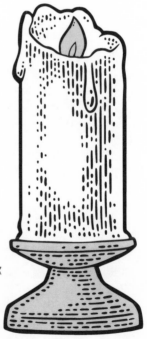

男性退休高官又如何？基於男人乃先天愛威動物，故權力慾及英雄感特強，一旦退休，雖則經濟沒問題，但沒有了權力，沒有了表現機會，難以營造出威武感覺，無得威，無得認叨，恍似失去了一個重要目標。當天天如是，活在沒有目標的世界，這樣，死亡便成了唯一的「目標」。事實上，有記錄，紀律部隊高層退休，多於幾年內就「大拜拜」。因一旦心態上以死為人生目標，那麼，隱藏在你潛意識內的自毀機制，就會靜靜地不停啟動，令你的細胞變得「不快

樂」，自然地，身體情況每況愈下。

以上的情況，大家可從身邊的男性退休者作引證。

所以，退休男性，一定要建立活下去的目標，即之前我提及的「舞台」。這個舞台，要令你覺得活下去有意義，又有表現機會，讓別人需要你。舞台因人而異，但一定要與人為善，惠及他人為主。可以是無償的服務，可以是教學，可以是照顧需要人的或動物。以助人為樂的活下去目標，能激發生命活力，尤其天天見到目標不停實現，心中會產生一種難以言喻的愉快和自豪感覺，如此，「快樂細胞」自然滋長，人也容光煥發，令更多人樂於接近！各位兄弟，敬請努力！

為母親
解除痛苦

每一代人有每一代人的特色。例如，我的上一輩，多數走難來港，故此，生活困苦是正常現象，從未聽過人抱怨唔夠食、唔夠地方住、無牀瞓、無冷氣（根本連風扇都無！）。佢地的對上一輩，多仍在鄉間或早逝，故甚少有照顧家中老人的煩惱。而對下，則採取「天生天養」大法，個個家庭生四至六個，然後，童年開始已習慣自己照顧自己，從沒有甚麼「直升機」父母。

好了，到小弟一輩，有幸剛剛食正香港經濟起飛，一切由無到有，但擔子則甚重，因要畢生照顧雙親及培育下一代，「雙重夾擊」下，通常三十五至五十歲，捱到百病纏身。

政府照顧長者，資源永遠不足，故此，若家中有一至兩位長者要住護老院，真的隨時「斷擔挑」。普通打工仔，在無法應付下，只好簽「衰仔紙」投降，靠公共援助頂住。

過去十年，小弟老媽子也因行動不便及日漸失智，要入住護老院。作為兒子，必須為佢打理拍檔羅國森所提及的「平安三寶」：遺囑、持久授權書及預設醫療指示。因媽媽乃全職家庭主婦，根本無財產，故頭兩項不適用。

至於「預設醫療指示」，我先與伊利沙伯醫院醫生及護士開會，先理解詳情，再簽字確認同意，重點為以下三項：（一）不進行「心肺復甦法」，包括按壓心臟、插入氣管導管、電擊心臟；（二）不插鼻喉餵食；（三）不作入侵性開孔協助呼吸；（四）不注射任何醫療物品延續生命（沒有康復治療作用的）。

身心健康 背後有動力

為何有此決定？因媽媽已進入半昏迷／昏睡狀況，難以再溝通，吞嚥能力漸失，器官全部衰退，無法移動，小便亦只能靠吊尿喉。不單不可能康復，更慘是毫無生活質素可言，困在病牀多一天，就是多受酷刑一天，客觀理性又為佢設想做法，是盡快令媽媽「脫苦海」，早日上天堂與先父重聚（這亦是老媽子仍清醒時的最大心願！），重拾昔日溫馨生活。

自己快樂，亦應令身邊至親快樂，就算不快樂，也要盡力讓佢免除痛苦。

簽署完畢，醫生有點不解：「曾先生，為何你那麼決斷不去盡辦法延續母親在世日子？」

「醫生，將心比己，若你是我媽媽，最大願望會是甚麼？」

醫生微笑點頭，轉身而去。

接受
因、果、取、捨

人一生下來，有很多方面是天注定的，無論公平與
否，都要「硬食」、接受，無得怨。包括你是男或
女、高或矮、美或醜、種族膚色、出生的家庭、天
生的傾向、擁有的天分等。

至於發展下去的生命，對，仍有很多人為的幸與不
幸。但大部分時間，你快樂不快樂、健康不健康，
都來自你種下的「因」、追求的「取」及選擇的「捨」
而決定，與人無尤，無怨無悔。

尤其退休後，你應該更加明白，行了人生三分二之
後，你嚐到的果，絕大部分來自你種下的「因」。例
如，小弟及身邊不少朋友，都要服一世藥，包括血

壓、膽固醇、精神科，甚至是糖尿、薄血等。原因，正是早年工作過度搏殺或不良生活習慣而收成的「果實」。

又例如認識不少昔日高高在上、大權在握的高官或CEO級人馬，退休後，天天覺得空虛寂寞及「世態炎涼」。原因，正是各位大權在握時，「得罪人多稱呼人少」，從來不栽種人與人之間的真正感情，有權用盡，有勢去盡。於是，一旦退下來，無權無勢時，其他領教過你「得勢不饒人」招數的人，不踩你兩腳，已是萬幸。

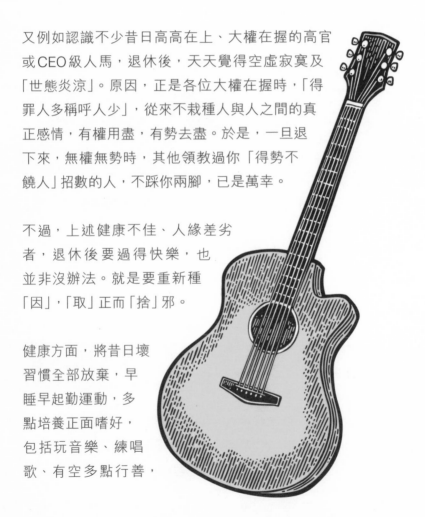

不過，上述健康不佳、人緣差劣者，退休後要過得快樂，也並非沒辦法。就是要重新種「因」，「取」正而「捨」邪。

健康方面，將昔日壞習慣全部放棄，早睡早起勤運動，多點培養正面嗜好，包括玩音樂、練唱歌、有空多點行善，

174

體會施比受有福。這樣，就有了活下去的價值，因有人需要你！

心理影響生理，心情好，免疫系統效率自然提升，令你的抗病能力也加強。

心態方面，徹底放棄炫耀財富、權力、學識，重新學習謙卑地平起平坐去認識新朋友。

記住，沒有朋友的人，很大的原因是：佢本身絕非一個好的朋友！壞朋友怎能結交到大量好朋友？所以，必須下決心，先努力做一個好的朋友。

做好的朋友，一定要有所捨棄，尤其自私行為及自傲心態，學習為人設想。

人人都需要朋友，退休後，擁有大量空閒時間，更需要一群同聲同氣同快樂同行善的同路人。

成為一個好的朋友，自然大把朋友，這樣，快樂退休生活，就唾手可得了。

事業成功可能
乃退休失敗之母

人人小學生階段，已學過「失敗乃成功之母」。

但是，小弟幾十年江湖觀察，發覺相反的例子也多如繁星，亦即是「成功乃失敗之母」。

最多是在賭博及投機世界。任何賭仔或炒家，初初出道，運氣當旺時，必會以為自己是「少年賭神」、「隱世股神」，對投資竅門已充分掌握，能人所不能。兼且，分析能力及眼光超越常人。

擁此心態者，怎不愈賭愈大？此時，「成功乃失敗之母」就會出現，最後一鋪清袋永不翻身！

我亦曾見證朋友在投資拍戲、開演唱會、灌錄唱片多方面蝕到焦頭爛額，正因通常第一鋪時符碌賺大錢！

名人中，王維基也算典型例子。若非早年「大衛挑戰歌利亞」成功，在電訊界贏到開巷，可能就不會種下之後「瓣瓣領嘢」：包括申領電視牌、出任亞視總裁、經營HKTV Mall（仍在投資期？）等的後果。

事業成功、退休失敗，是小弟常見的身邊例子。因為，一個事業「成功」者，通常有下列特點：

(一) 長期透支腦力體力；

(二) 行事經常或間中不擇手段，但求達到目的；

(三) 疏忽照顧家人及輕視朋友連繫；

(四) 自信爆棚、目空一切，認為自己一世英明神武，永遠都會成功，不作失敗準備。

以上四點，正是導致退休失敗之因。逐點講：

(一) 長期高壓下生活，體力腦力透支，必損害各個器官，全部如體內計時炸彈，60歲後逐一爆發。沒有了健康，怎能快樂？

(二) 為求成功，不擇手段，當然播下不少仇恨種子。尤其在商界，一切以利潤為終極目標，競爭時，甚麼陰毒招數都可能使出，如此，必有「收成期」。到無權無勢無位時，別人才還招，問你如何有力招架？後悔已太遲了。

(三) 所謂成功人士，經常強調不眠不休，甚至為事業，將親人關係半放棄。本來重要的人，全部疏於照顧。反之，與工作利益掛勾者則「肝膽相照、日夜相對」。生意朋友全部因利而合、因利而散，到回頭希望再重拾親情時，又似大江東去。對你重要的人，絕不會甘於被呼之則來揮之則去的。

(四) 以為自己會永遠成功者，絕少花時間鋪後路，以確保一朝客觀形勢逆轉，也有個安全網。呼風喚雨時，當然無有怕。那麼，失敗又如何？尤其在接近退休年齡時才遇上重大挫折，慘，再回頭已是百年身了。

「快樂傳媒老是佛」
的啓示

五年前，小弟從香港電台退休，告別近四十年全職
傳媒工作生涯。基於喜愛群體生活及討厭寂寞，於
是，搞咗幾個「食飯小組」，與各方舊同學、舊同事
及新舊朋友定期「美酒美食論英雄」。

當中一個，愈來愈成功，正是「快樂傳媒老是佛」
組。鋼鐵陣容包括：何定鈞（前 TVB 董事總經理）、
曾展章（前有線電視總裁）、吳錫輝（前副廣播處
長）、張文新（前助理廣播處長）、施永遠（前助理
廣播處長）、盧炳松（前領展企業傳訊掌舵人）、陳
早標（前經濟日報總編輯）、鄭明仁（前蘋果日報總
編輯）、羅燦（前有線電視及 Now 新聞台總編輯）、
關偉（前亞洲電視新聞部副總編輯）、陳家耀（前

有線電視新聞部負責人)、潘啟迪(前領展企業傳訊部負責人)、陳景祥(前信報總編緝)。

很多資深行家都有疑問,所謂「同行如敵國」,為何這群退休(或半退休、臨近退休)的大男人可以混在一起,次次快樂到爆呢?

每次聚會,美食美酒歡聲不絕。友情如酒,日比日醇。

這正是一個值得研究的成功退休群組個案。

我的分析如下:

1. 有一位積極又熱心負責聯繫及組織的「蛇頭」。香港人慣自由慣鬆散,除非工作需要,很少願擔起需要具紀律捱義氣的「蛇頭」。好,我做!

2. 一定要有聚會的吸引元素。我能提供的,是次次有驚喜的美食,令各位為食鬼有所期待。

3. 要有制度、有紀律。大部分群組散檔,原因是有成員欠責任感,報名後甩底,又不肯付款。我的設計是,輪流做

東，三個月聚會一次，換句話說，做一次東，可以「白食」三年。如此，很少自私情況出現。

4. 要長幼有序兼守基本禮貌。大家相聚尋快樂，可以開玩笑，但要有分寸、知底線。例如何定鈞最資深，就是「何老大」，大家必須尊重！

5. 互相尊重互相欣賞。成員每位都如此資深，必定在傳媒界曾作貢獻，故要有識英雄重英雄心態。例如曾展章用畢生功力撰寫「華夏歷史年表筆記」巨著，眾人立即爭相搶購以示支持。

每次聚會，美食美酒歡聲不絕。友情如酒，日比日醇。

最重要，大家皆七至八十年代初加入傳媒，見證香港由中英談判至回歸，對一切發生的大事，有無盡共鳴感。到今時今日仍能把酒言歡，怎不感恩？怎不珍惜？

「快樂傳媒老是佛」成立後，間中有人敲門想加入，但被拒絕，原因當然不便解釋，只能希望當事人明白，道不同，不相為謀。因為，我們真的是一群有道德、心術正的傳媒人，物以類聚，只想透過美酒美食分享大家的價值觀。

6 效法
退優自由人

倪匡的
退優理論

做人，有人話好難，如果看通了，你又肯做，好易。

多年前，因要游説倪匡客串做《晨光第一線》客席主持，主動與這位前輩接近，結果，齋聽佢説人生，已悟出不少道理，終生受用不盡。

舉例，同佢食飯，去到邊都大受歡迎，並不單因倪匡是大作家，而是，佢懂得「貼士佬在前頭」的道理。

一般消費者心態，皆是：你先對我好（服務周到），我才對你好（俾貼士以示對你的服務打分）。倪匡做法相反，我先對你好（豐厚貼士先俾），以示尊重。

結果顯示，倪匡長勝！

因為先表示尊重，任何樓面工作人員，上至經理，下至普通侍應，皆非常珍惜這種罕有客人。於是，只有倪匡揀食肆，而不是食肆揀倪匡。

從此，打通我的思考經脈！

不少退休人士呻到樹葉都落：「唉，世態炎涼呀，一旦無權又冇利用價值，昔日稱兄道弟者，全部四散喇！」

講這類怨言的「前高層人士」，肯定長期做高位做到懵咗，以為昔日別人巴結的是他本人，而非巴結佢所擁有的公家或公司權力。

任何退休者，若「朋友」全部一哄而散，意即，佢從來沒有朋友。點解無？咁大個人，學吓反思啦。開竅後，從頭來過，未遲的，就是，先學做一個「好朋友」。

套用文首倪匡理論：若你是個好朋友，那怕沒有朋友？

至於，要怎樣才能成為一個「好朋友」？簡單，你能令別人與你相處時 feel good 嗎？

甚麼是 feel good? 唔再畫公仔畫出腸嘞，希望你有慧根啦，哈哈！

「債券先生」的
退休與投資態度

日子一天天過去，身邊退休的朋友一天天多起來，女的通常很享受，天天不停湊孫、旅行、唱歌、跳舞、插花、畫畫、瑜珈、扮靚、high tea 等，生活多姿多彩。

男的又如何？愈是曾經位高權重的，愈大問題。部分不知所措，每朝起床後就要「捱」到日落，生活無味枯燥，最弊是出外不知有何處可去，回家則似與老妻「困獸鬥」，再沒有人生樂趣，自我形象日漸低落。漸漸地，變成一位滿身負面情緒的「老男人」，人見人怕。

其實，退休，不能坐以待一切自然發生，必須好好

規劃，才能成為一個仍然有用又快樂的長者。

今期，介紹一位快樂退休人辦，「債券先生」李永權。

老李1995年已被選為香港資本市場公會的首位華人主席。2006年退休前是香港按揭證券公司高級副總裁。1998年，老李好巴閉，為香港成功以新的機制發行第一批零售債券，當時，小弟立即邀請他到電台做「清談一點鐘」直播訪問。之前的宣傳，為吸引聽眾，就封他為「債券先生」。從此，成了李永權行走江湖的綽號，真有意思。

老李2006年，以58歲之齡，實行「進有時、退有時」計劃，提早退休，並早半年預告給公司知，讓接班人可以順利交接。這個做法，獲得舊同事及同業相當大的尊重，令大家日後能維持非常良好的關係。

李永權退休13年，仍身壯力健、生活充實、妻賢子孝，因有以下心得：

(一) **養狗**——不單生活有寄托、感情有互動，更重要，因天天要放狗，這樣，就自然地行上一萬步。日子有功，步行時身心愉快，體內分泌有快樂賀爾蒙之稱的安多芬，免疫

系統日比日強，令身體健康，百病遠離。

(二) 習武—學習迷踪拳及太極拳。目的不為動武，而在於提升手腳關節的柔軟度及靈活度，令呼吸更暢順，平衡力更穩妥。防跌，是任何長者的一項要務。

(三) 接觸年青人—年青人的青春及活力，是有感染性的，退休者一定要找機會和他們多接近。李永權的方法，是組織及贊助體育活動。十多年前已游說幾位朋友合資搞少年棒球隊，不久後，更成為棒球總會掌舵人，出心出力出錢

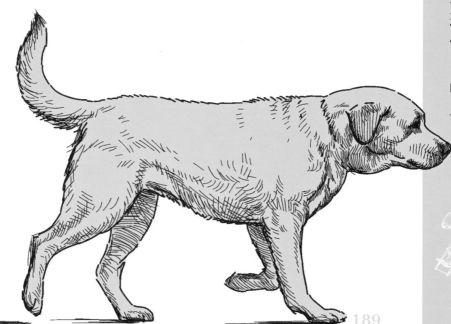

將香港捧球隊帶往海外比賽。最重要，不在勝出賽事，而在見到年青人透過球隊訓練，一個又一個成熟起來，知道紀律的重要性，邁向健康的人生。幾年前一套勵志電影《點五步》，內裡正有李永權的影子！

(四) 用盡專業老本——任何專業人士，必定有某些技術或知識對社會有用，應該找機會繼續傳承，不為金錢不為權位，只為「食得唔好嘅」！所以，李永權不停四出演講、參加研討會及寫文章，正是用盡自己的剩餘價值。覺得自己對世界仍有貢獻，也是快樂的泉源！

(五) 兒時老友多常聚——人，最熟最真，一定是識於微時的同學及沙煲老友。能夠走過幾十年仍相交，這份緣一定要珍惜。定期

李永權退休生活十分多姿多彩！

190

吃吃喝喝回憶人生中的難忘片段，互窒互勉，乃晚年樂事也。

（六）氹老婆—既然決定一生一世在一起，就應理解「你忍吓我、我氹吓你」的藝術。仔大女大了，趁仍行得走得，多點「拖住老婆去旅行」可也。

快樂退休，不可靠人，一定要自己雙手營造！

曾於專欄提及「債券先生」李永權的退休心得，反應相當熱烈，除閱讀率高之外，小弟私底下也收到不少要求，不同人士（讀者、同業及朋友）也有同一要求，想知：「貴為香港的金融專家，李永權在金錢方面的退休部署又如何？」

好啦，既然有龐大「市場需要」，而我自己亦渴望知道，咁就一於再煩多次老李可也。

權哥在退休前已完全達致財務自由境界，猶如騎師，只要唔「墮馬」（不亂花錢），已肯定可以「按韁過終點」（食過世兼有大把錢剩），不單不會負累任何人，反之，可以惠及其他人。我們的對答如下：

曾：退休後的財政處理原則及理財策略如何？

李：退休後完全放棄在金融圈子時的奢華生活、反璞歸真，慢慢進入淡泊境界。謝絕一切不想去的應酬。花費是會的，但有選擇性，例如每年最少兩次與太太作舒適的豪華旅行（絕不參加「$999 食到嘔」或 9 天遊盡 12 個歐洲國家的「走難團」）。錢，負擔得起的，應使就使。

投資方面，以分散及穩守為主軸。退休金交專業基金經理公司管理，他們專注投資，在掌握資訊及分析方面比我強。個人決定的投資組合包括：股票 [領展（0823）、中電（0002）、電能（0006）及建行（0939）]。另有小量物業、債券及長遠升值的古董文物。另外，為考眼光兼「止手痕」，會用小量金錢炒賣二、三線股。

曾：可有買甚麼保險產品？

李：人壽保險已不需要，故將錢套回，改買醫療保險，內包危疾保險，年紀大、機器壞，甚麼疾病也可能出現，買個安心、買個保障。

曾：財產傳承計劃如何？

李：大部分留給子孫，早早作好分配的部署。少部分回饋社會，捐贈慈善團體。

曾：會否協助下一代置業？

李：會，但不是全數支付，下一代也要努力為自己的財政建設打拼！香港房屋政策多年失誤、美國在十年前帶頭亂印銀紙（貨幣量化寬鬆）、內地不停湧進「各式」資金、造成這代年輕人生活壓力比我們一代大，正常靠打工儲錢買樓已經變成夢想，難以安居。所以，若我們有足夠能力，協助下一代置業，無可厚非。

重拾興趣！
影靚相、齊分享

智能手機及iPad面世，給我不少痛苦。長期在黑暗中睇MON令我右眼曾中風；過去幾年又因為經常左手凌空持手機，行又睇，企又睇，日子有功，令我患上左手腕管炎。

食得咸魚抵得渴，現代人，難道不用手機？故只好改變習慣。因為，這種科技，帶來太多樂趣了，包括聯絡上久經失散的朋友。

小弟早年在香港電台電視部任導演時，認識了一位亦師亦友的長輩攝影師何慰本，佢不單攝影技術好，做人處事態度更一流。凡合作過的，皆豎起大姆指。

老何2003年退休，大家基本已失散。豈料，近年開始，面書之上，彈吓彈吓，彈出幾幅靚到「Dump Dump聲」的沙龍照。追查攝影者，咦！原來正是何慰本！退休後移民溫哥華，終日孭住相機拖住老婆，去到邊拍到邊，拍得靚相，立即與天涯海角老友分享。

何慰本孭住相機拖住老婆，去到邊拍到邊！

轉轉接接，終於聯絡上，因為有感何兄乃一個快樂退休人辦，立即請教其退休心得？

「阿碌，退休，不可以等殺到來才適應，做政府工或大機構，既然早知何年何月何日要退下來，就應早早部署，在經濟、心態、健康等各方面，預先安排妥善，如此，就不

會出現『退休震盪』！退休，應該是快樂的。因為，時間完全屬於自己，可自由自在選擇生活方式，再沒有老闆、同事、下屬、顧客等必須處理的公事關係。這時，理應進入第二個重要階段：隨心而活，隨遇而安，集中精神時間去享受六十歲前因工作而被迫放棄的興趣！」

何慰本的興趣，正是攝影。此君對周遭人、事、物的觀察力特強，故經常可以捕捉到世界上最美的一面。

老何強調，要快樂退休，必定要保持健康，故天天孭住相機，拖住老婆，以步行作運動，日子有功，已走遍加拿大不少名勝，拍呀拍，拍下無數美不勝收靚相，只要是老友的，就可不停分享到佢傳來的視覺喜悅。

「阿碌，還有一點，退休，應該將一切慾念降低，事事 Back To Basic，無慾則剛，而且人亦會悠閒釋然，看見周遭事物，都會順眼得多，從中，很易發現到當中美麗之處。」

前跨國高管
助病危人士完成心願

誰是盧炳松？若閣下是普通市民，唔識佢，正常。
但若從事傳媒或公關行業而不識BC Lo（盧的英文
稱號），四個字形容：好打有限。

BC在這行頭四十年，近廿年主攻國際級公關管理，
歷任可口可樂、香港迪士尼樂園及領展(0823)對
外事務及傳訊工作掌舵人，有無窮衝勁及魄力，乃
「火車頭」一般的男子漢。

只是，任何人衝衝衝數十年，總有停下來或轉跑道
一刻。盧炳松四十多歲已思考退休生活，認為活下
去，就要訂立人生新目標。佢早知退休大忌為喪失
鬥志、不停想當年及只懂自吹自擂過往怎樣怎樣

威。所以，BC在六十歲前，已開始打造人生第二舞台：基督為本基金，並成功申請成為政府註冊慈善團體。基金第一項使命，乃協助晚晴病危人士，完成在世的最後心願，然後安心上天堂。

記得N年前，我的好朋友車淑梅，也有一個大受歡迎電台節目，名叫《夢想成真》，正是協助沒有能力的弱勢人士，完成大小夢想。

盧炳松的目標，更有意義。退休後，BC先主持了一大輪「感謝之宴」，邀請生命中需要道謝的人作飯聚（小弟有幸是其中之一），然後，立即跳上新舞台，自掏腰包，注資百多萬到基督為本基金，開展「誠心所願」計劃，先走訪全港善終服務機構，取得聯繫，鼓勵潛在受益對象申請基金援助。合資格者，基金會提供資源及人力去達成其人生的最後夢想。

恰巧我亦與大群「慈善同學會」同學在推動「天使在身邊」計劃，將社會各界翹楚在人生路上跌跌撞撞仆倒再爬起身，再奔向成功的故事，帶到大中小學，希望年青人得到啟發。於是，準備與BC雙劍合璧，假若佢需要義工幫助，我就調動人力作支援。

盧炳松與小弟年紀相若，亦是資深傳媒人，難得大家退休後，皆有拒絕「想當年」的無謂心態，決心向前看，建立第二有意義的人生舞台。簡單，能令別人快樂，自己就一定快樂！

各位，若你認識任何六十歲以上香港居民，已被註冊醫生確診身患危疾，並已進入人生最後階段，又有個夢想或心願未完的，就可聯絡盧炳松。

基督為本基金
地址：香港仔湖北街裕景中心 1401 室。
電郵：bclo@basicfoundation.org.hk

盧炳松是公關傳媒業的「火車頭」。

三位港台巨人的
急流勇退

「光影流聲 — 香港公共廣播九十周年」展覽，曾經在香港文化博物館舉行。九十年之中的三十七年（1977-2014），有小弟的聲音及影像留痕，真的與有榮焉。同期的公務員同事，因制度規定，已全部退休（藝員例如車淑梅小姐，則可做到天長地久，並沒有限制），我們深感有幸，經歷香港言論、傳媒及新聞自由最澎湃年代，一同創造香港電台最黃金一段的日子。

退休同事之中，甚多是活生生的「快樂退休」例子，這裡想講講三位昔日香港電台的ICON。

（一）**張文新**—退休前是助理廣播處長，1973年加入電台，著名拼勁驚人，綽號「氣勢新」，精力無限，創意不絕。1977年憑個人意志，創辦「十大中文金曲頒獎典禮」，以雄渾爆炸之力，推動整個樂壇，故公認為「中文金曲之父」。多年來，捧起無數本土巨星，最膾炙人口為設計出「四大天王」稱號，將張學友、劉德華、黎明及郭富城歌唱事業推上顛峯。基於新哥體內有熊熊火燄，沒有人預期佢六十歲會停下來。豈料，全世界跌碎眼鏡！昔日天天指點江山的猛人，六十歲後，竟搖身一變，成為「車淑梅身後的男人」，只拖着太太雲遊四海及搞慈善活動，與及，每年製作一個為「寰宇希望」（Hope）籌款的大型活動《寰宇希望千個聖誕老人》。難怪，近年新哥面上散發一股祥和之氣。

張文新不時拖着太太車淑梅雲遊四海。

戴健文（右3）放棄高薪厚職，以「大義工」身份出任鄰舍輔導會總幹事。

（二）戴健文—謙謙君子，人緣極佳，IQ、EQ、AQ皆冠絕同儕，本屬全港最佳第三位華人廣播處處長（繼張敏儀、朱培慶之後）人選。奈何，就因政府頂層的「政治決定」而令一切推倒，可惜加無奈，亦間接將香港電台逼進「陰暗期」。戴健文退休後，為社會服務之心及火並未熄滅，竟自動放棄十多廿萬的月薪，決定以「大義工」身份出任鄰舍輔導會總幹事，令人肅然起敬。

（三）**吳錫輝**—十年前以五十五歲之齡由副廣播處長位退下。昔日的 Raymond，發掘及栽培無數台前幕後廣播界人材（我算是其中之一吧！）由外型到思維到行事作風，皆具傑出傳媒行政人員風範，在廣播界極受尊崇及深具江湖地位。事實，「唱片騎師」一詞，由佢創出，人人佩服。正當大家以為輝哥離開港台會直闖傳媒跨國集團更高權位之際，哈，佢竟一個「華麗轉身」，改外型、改作風、改路線，變為一個電視主持（藝員？）及古早味食家。別人怎看不重要，重要是，佢真的快樂呀！

吳錫輝已變成了古早味食家，經常與家人四出「搵食」！

效法退優自由人

足療
退休舞台

「退休抑鬱男」在失去管理層及公務員崗位後，美其名是「退休享福」，實則冇癮到爆，每天由日出呆到日落，不知如何渡過沉悶時光。

每個男人都有英雄感，不時需要成就感，尤其六十歲仍精壯，那有可能甘於天天無所事事，又或似女退休者般學插花、美容、烹飪、跳排排舞、瑜珈，又或學外文、畫畫等。其實，每人都需要有一個「舞台」，給自己表現，最重要就是有「被需要」感覺。這樣，每天才有意義。

退休後，無須再為生活打拼，若經濟已沒問題，就不要委屈自己。所以，建立快樂退休舞台，應該與自己志趣相近。小弟認識的成功者，包括：（一）退

休由高官專探監關心囚犯，感動他們改過自新；（二）上市公司總裁退休後投入教會管理工作，令身心變得更現代化；（三）退休將軍變導遊，照樣天天領「軍」。我呢，就搞了一個「慈善同學會」，至今組合三百位五十至八十歲精壯「樂齡」及銀髮族，透過愉快的活動包括旅遊、美食、唱歌、參觀、講座等，希望籌集善款，惠及弱勢慈善機構。三年下來，三十多間機構受惠，捐了三百多萬善款。為慶祝成立三周年，早前還出版了一本《原來天使在身邊》實錄書本，將五十個香港名人及專業人士跌倒再爬起奔向成功個案，一一列出。

數年前的一次台東旅行團，又為一對夫婦Ｗ搭下「快樂退休」舞台。拜會「足療之父」吳若石神父是該次旅行的其中一項行程，Ｗ夫婦對吳神父的理念十分拜服，而事實上，吳神父亦絕對應獲頒諾貝爾經濟獎，因佢推廣的足療（腳底按摩是其中一項），由八十年代開始，令億計亞洲中下層婦女得以謀生，並令下一代有機會受教育，絕對偉大。

Ｗ夫婦剛退休，正思考如何開展人生下半場，遇上吳神父，立即拜師，之後一年多不停飛台東上課。皇天不負有心人，年半後，Ｗ太太已取得畢業證書，可正式開展其「足療舞台」，樂不可支。再實習多一年，即可領教師牌，正式

効法退優自由人

205

設帳授徒了。

W太首先替親戚朋友施行足療，不少有皮膚病及循環問題者，有明顯好轉。小弟亦為受惠者，經過多次足療後，某些隱疾（例如荷爾蒙分秘失調）有改善。就這樣，W夫婦已找到一個「被需要」新舞台，每天生活非常充實。

每人的快樂退休舞台未必一樣，重要的是，必須自己有決心去搭建。

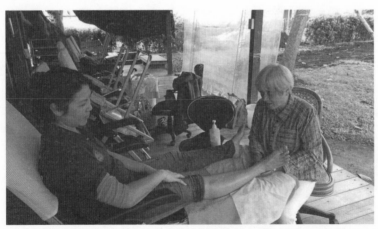

W太太正式開展「足療舞台」，搭建了屬於自己的快樂退休舞台。

廉署神探
變身農夫大廚

不少紀律部隊高層老友,近年紛紛夠鐘退休,發覺,大部分甚難適應悠閒生活。因在位時,有權有責有英雄感有下屬跟隨,以上種種,令自己覺得有非常大「存在價值」。但是,退休後,雖經濟無憂,但變成無權無責無英雄感(反之,在家被老婆大人日哦夜哦!)零下屬跟隨,這個反差,恍似遇上狂勁的「文化震盪」(Cultural Shock)。大部分不能適應,不少出現抑鬱傾向,不知如何紓解。故此,紀錄顯示,大部分退休紀律部隊高官,壽命皆比一般人短,正因退休後不少覺得「生無可戀」,情緒低落導致病魔肆虐。

小弟早在專欄指出，有兩件人生重要的事，沒人有義務幫你，必須自己營造，正是快樂與健康。人，總喜歡緬懷過去，尤其曾擁有大權者，更難擺脫「權力快感」籠牢。

不過，事在人為。肯積極嘗試，起碼有一半機會成功。我身邊就有一個例子，昔日廉政公署神探曹渭仁(Kenny)。此君曾升至執行署助理處長，1974年加入「I記」，經歷「反貪污捉葛柏」、「警廉衝突」，任內偵破無數貪污案，不少猛人，在佢手中被繩之於法，三十七年神探生涯，足可寫幾本回憶錄，晒一晒自己的功績。

不過，Kenny做的，是退休後，立即忘掉昔日「巴閉史」，由數千呎公務員大宅遷出，開展自己一個長期夢想：農夫及大廚！

只要肯做，一定成功！首先，老曹赴台灣學習有機耕種法，回港後，在新界牛潭尾租得靚地一塊，立即開展第二段精彩人生。

三十七年廉記生涯，令Kenny習慣了事事認真、守法，對人對己要求絕高，所以無論養魚、種菜，皆力求達到香港有機資源中心的認證水平，絕不側側膊造假。故此，養出

的寶石魚、種出的日本苦瓜、意大利生菜、克里姆番茄、
紅金白各種菜頭，全部清甜無比，與香港街市出售的，級
數完全不同。點解我知？試過囉！

老曹最大的滿足感，不是
搵錢（習慣廉潔加豐厚退
休金），佢衷心直言：「只
要各位老友，品嚐我親手
栽種的新鮮有機農產品，
所泡製的菜式，而且感覺
清新好味，我就會有無窮
滿足感㗎喇！」

各位，曹渭仁每個周末都
親自下廚顯露廚功造福老
友，你想試，快快認識佢
其中一位老友啦！

只要老友覺得自家種的農產品清新
好味，曹渭仁就會有無窮滿足感！

退休教授
建百間醫院

梁教授乃中國戲曲專家,分別在中文大學及香港大學進修,77年開始在中大任教。

因學術研究需要,數十年來不停穿梭中國各省最偏僻地方,發覺,中國的經濟雖然慢慢發展起來,近廿年更有驚人走勢,但醫療衛生狀況卻有天淵之別。

最令教授內心觸動事件,發生在廿多年前,當他在粵北沿海散步之際(非常落後貧脊鄉間),迎面而來兩名男子,擔著一位痛極呼救的孕婦,兩男子邊跑邊大叫:「嬰兒要出生了!」

教授問:「為何不叫救護車送孕婦到醫院?」答案

令教授呆了一呆：「第一，鄉間那來救護車？第二，窮鄉僻壤莫説醫院，連設備最簡單的診療所，也在數十公里之外！」。基於此，每年因分娩失救的孕婦及嬰兒不計其數。

正正這個深刻遭遇，令梁沛錦決心在60歲退休後及上天堂之前，在中國偏遠山區籌建一百間有基本醫療設備的小型醫院。

有了清晰目標，加上堅定信念及完成抱負的決心，梁教授在中文大學退休後，立即全情投入個人創辦的「中國健康工程」，除自己傾囊捐輸之外，更四出奔走籌款。

三年前一次「慈善同學會」四川旅程，我們原本只以些微力量捐獻，豈料，在一個晚餐分享會中，教授的大愛，感動了兩對夫婦，即場認捐了兩間醫院（約港幣120萬元），可見他的感染力，何等力量宏大。

今天，梁教授已八十多歲，早前心臟病發，體能不大如前，幸得愛妻蘭文彬相伴，終於，完成一百間小型醫院的心願，有望2019年內可達成了。過去十多年，教授親眼看到百萬計貧脊無助得到基本醫療照顧，感到無比快慰：「不枉此生矣。」

効法退優自由人

最近，收到他一個訊息：「我堅持廿年的奮鬥過程中，見證了人間的大愛，人性的美好。也見證了人只要有理想、有目標、不畏艱辛，總會有人（天使）支持你，協助你完成心中的使命！」

退休，可以是百無聊賴，也可以是貢獻宏大，完全在乎一己之心！

梁沛錦全情投入個人創辦的「中國健康工程」，為了建醫院四出奔走籌款。

清潔工化身
文青潮服專家

人生劇本，冥冥中早注定，部分寫得很奇妙，就連當事人也覺驚奇。

本篇文章主角小蘭，原名張春蘭，七十五歲。1980年由內地來港，一直活在貧困中，丈夫早逝，帶着幼女方韻芝，因要全天候照顧，無法出外找工作，只可彈性時間開檔的小販。

小蘭天生對布料及縫紉有敏銳觸覺，所以主攻賣執笠店收回來的T恤。
擺街邊，日曬雨淋之外，更要隨時「走鬼」。十幾年小販生涯，被捕廿多次，有時貨品全被充公，痛苦又無奈。

直至女兒長大，可以照顧自己，小蘭轉做清潔及洗碗工作。彎着腰不停捱足十多年，終於見到太陽，女兒畢業，可以自立工作了。小蘭決定在六十八歲那年退休，享享清福。

豈料，原來一架全速衝刺的「車」，突然剎掣會出現不少問題。小蘭閒着的日子，染上「疑病症」，天天感到頭暈，經常覺得身體出問題，非常不快樂。

剛巧，女兒阿芝正為社企籌劃市集，眼見母親縫出的衣服質素及設計皆不錯，於是游説小蘭在市集擺檔過日晨。

逛市集的人，多為斯斯文文的年青人，不少是追求品味的「文青」，喜歡獨特設計的衣服，一見小蘭精心出品，紛紛認同其氣質。最難得是，件件都是用手一針一線縫出，因此每件都是獨一無二，款式難於在大量生產的一般店舖見到。人人大喜，奔走相告。很快，小蘭的名字，漸漸在文青圈中紅起來，繼而，不少傳媒收到風，訪問邀約不斷。

就此，一個窮苦小販及清潔女工，在七十歲時，竟搖身一變，成為「文青潮服專家」，這個人生劇本，是否出人意表？

近幾年，小蘭活得很快樂，因可接觸到大量年青人。不少年青人紛紛變她的粉絲，排隊度身造衫，令小蘭每天工作十多小時仍應接不暇。

「曾先生，我先天對布料敏感，一望已知其質地。同時，可協助客人不用節食而減肥！」

原因？正是出於創意設計！衣服原來可以令人變高、變矮、變肥、變瘦。因為，適當的剪裁、用料及顏色，能產生視覺上的「誤導」！

小蘭的出品深受年青人歡迎。

前雜誌總編
改革殯儀業

五十歲以上的香港人，無一不認識「突破」機構。
這個1973年由蘇恩佩女士創辦，以對抗城市陷入物
慾橫流的「心靈中心」，一出現，已成為影響十萬計
年青人的生命明燈，營造出一種力量，名「突破運
動」，透過雜誌、出版、輔導中心、影音產品、電台
節目……開展一個抗衡市儈潮流的文化。當中參與
的靈魂人物，名吳思源，曾出任突破雜誌總編輯及
出版總監，個人作品非常豐富，全是有關信仰、希
望、家庭及關愛的心靈書籍。

有些人，到人生某一點，就會考慮退休。但吳思源
呢，當然也屆退休之齡，不過，仍然對貢獻社會，
充滿熱誠，在同輩朋友紛紛由工作崗位退下「享清

福」時，竟因受一套日本電影《禮儀師奏鳴曲》觸動，決定將人生餘下時光，用作提升殯儀業的專業、格調及文化，將本來傳統保守神秘而單一悲痛的喪禮，演變成一個優雅、得體、開揚的人性化儀式。

起初，吳思源只一廂情願，與朱耀明牧師懷著共同理念，組成「完美句號」基金會，以行善服務方式，闖進殯儀業。結果，當然是不停蹀釘兼「交學費」，險些「彈盡糧絕」而被逼放棄。幸而，身邊不少朋友支持兩人的抱負，再合資數十萬繼續向前行。終於，愈來愈多人願意接受「完美句號」服務。這個非牟利組織，充滿誠意地為低收入及綜援家庭作殯儀的支援，事事安排妥善得體，終於，很快就靠口碑站穩腳。

然後，吳思源又發覺香港中產人士，對高質素（多在教堂進行）、安寧而親切的喪禮，有龐大的需求。於是再以自負盈虧方式，創立另一間商業化的殯葬公司「愛百合」，提供以音樂、文字、展覽、詩歌、宗教儀式及緬懷分享的多樣化服務，希望整個過程，處理到優雅得體外，亦令在生的至親，得到點點安慰。

吳思源是虔誠教徒，所以一切皆順上天安排而行，本來一

生只在出版、寫作、輔導方面努力，怎也想不到行至人生最後三分一，會走進殯儀業，並令這個古老保守行業起了微妙的變化，影響之大，遠遠超乎老吳想像。

吳思源的「退休」就是「不退休」，因在殯儀行業產生無窮滿足感，帶來人生的喜樂。

相信，到真正離世時，他也會覺得已為自己創造出一個「完美句號」。

與吳思源神交數十年，近年才首次見面。

先苦後甜的
銀髮 Model

俗語有云：由奢入儉難，理所當然。人生由甜入苦則更難，因好惡頂也。

不過，若相反，又如何？與我同輩者，多數經歷由苦入甜。

上世紀四五十年代，社會飽經戰亂（內及外），難民處處，香港家庭，十之七八住不穩、穿不暖、吃不飽。到教堂輪糧食、吃酒樓客人食剩的餸尾（那有甚麼衛生不衛生？）、沒床睏、讀到小學或初中輟學，比比皆是。

辛苦嗎？當人人如是時，已成一種慣性，有甚麼

辛苦不辛苦？人生，由最低端、最赤貧開始（苦）、慢慢改善，大家各自在工作崗位咬緊牙根，由沒床到有床，由沒房到有房，由不飽到溫飽，再由無樓到有樓，無車到有車，生活質素天天改善，一切雙手創，滿足感澎湃之外，亦日比日感恩（甜）。到了退休年齡，若再加上外型TOP FIT及體態健康，那麼，真是人上人了。

Dave Lau，正是人辦。

童年時苦不堪言。父親三歲離家失蹤，只能在筲箕灣山邊木屋租板間房，幾兄弟姊妹及母親擠在一起，沒風扇，當然更沒冷氣；水，也要一桶一桶擔上山才有得用。家境極度窮困，故此，小三已輟學捱世界做童工，正是被「踢屁股」大的一族。後來，有機會成為木工學徒，終能學到門手藝足以謀生。

如此長大的一個窮小子，今天已七十三歲，又如何？晉身成為香港「老正工作室」頂級銀髮Model，廣告邀約不絕。無他，因為Dave外型俊朗，身手不凡，愛Golf、懂滑水、勤運動（每天操練三小時）、不煙不酒，更重要，性格積極樂觀正面，平易近人，簡直是「人見人愛、車見車載」的長者型男。

由艱苦捱起，Dave 對過往的一切，不單無怨，更視為一種訓練。最重要，從未對求學求知放棄，工餘不停看書及參加多種進修班，故此，常識及知識皆豐富。加上，他曾經營擁有幾百員工的木廠，對人際關係及人性，知之甚詳。

求知慾強、愛交朋友、身體健康，令他在七十二歲退休後，能開展非常豐富的退休生活。

「趁活動力仍強，先到全世界最遠的地方遊歷及嘗試各類玩意！」他笑笑口說。

Dave 過去兩年曾到南北極跳冰海、台灣環島單車遊及到世界各地潛水。擁有財務自由及一大群在進修班結識到的交心老友。今時今日，Dave 的甜美人生，正處頂峰！

但願我在他的年紀時，也有如此高能量去享受生命中的一切！

Dave Lau 退休後，化身為銀髮 Model，有型有款！

Inspiration 21

作者	曾智華
出版經理	呂雪玲
責任編輯	Carlos
書籍設計	Marco
出版	天窗出版社有限公司 Enrich Publishing Ltd.
發行	天窗出版社有限公司 Enrich Publishing Ltd.
	香港九龍觀塘鴻圖道78號17樓A室
電話	(852) 2793 5678
傳真	(852) 2793 5030
網址	www.enrichculture.com
電郵	info@enrichculture.com
出版日期	2019年5月初版
	2019年8月第二版
承印	嘉昱有限公司
	九龍新蒲崗大有街26-28號天虹大廈7字樓
紙品供應	興泰行洋紙有限公司
定價	港幣$128 新台幣$550
國際書號	978-988-8599-10-3
圖書分類	(1)生活　(2)心靈勵志

支持環保 此書紙張經無氯漂白及以北歐再生林木纖維製造，並採用環保油墨。